すごい！　日本の食の底力

新しい料理人像を訪ねて

辻芳樹

光文社新書

Potentiality of Gastronomy in Japan
by Yoshiki TSUJI
Kobunsha Co.,Ltd.,Tokyo 2015:04

まえがき――エリゼ宮発、一本のニュースから

フランス大統領府の厨房から

それはまさに、フランスから届いた一本のニュースが始まりだった。

２０１３年10月３日、フランスの大統領府であるエリゼ宮に一人の日本人シェフが招かれ、研修を受けながら料理の腕を振るったというのだ。いうまでもなくエリゼ宮には、世界各国の政財界の要人や王族皇室の賓客がやってくる。料理を国家の文化戦略の中核と位置づけるフランスにおいて、そこで開かれる晩餐会は外交政策の最重要ポイントだ。世界に冠たるフランス料理の威信をかけて、公邸料理人たちがそこで腕を振るうのは当然のことだ。

それだけではない。エリゼ宮では１９７５年にレジオン・ドヌール勲章を得たポール・ボ

キューズ（フランス料理界の帝王、約半世紀にわたって3つ星を維持している料理人）が、時の大統領ヴァレリー・ジスカール・デスタンのためにトリュフ入りのスープを初披露し、その頭文字ＶＧＥを名前につけて、今日に至るまで彼のスペシャリテ（代表料理）として世界中の美食家に愛されている。そんな美食伝説の誕生地でもある。

その聖地に研修で招かれ、料理の腕を振るうということは、夢のような出来事であることは間違いない。その栄誉を、日本人シェフが担ったというのだ。

記事にはこう書かれている。

《伝統と格式を誇るフランス大統領府（エリゼ宮）の厨房で、福島県いわき市の料理人萩春朋《はぎはるとも》さん（37）が研修中だ。東京電力福島第1原発事故以降、風評被害に苦しむ地元を思い「自分が福島の食の外交官になる」と張り切る。

エリゼ宮の料理長ベルナール・ボションさん（60）は、「ここに外国人が入るのは歴史上初めてだろう」と話す。萩さんの研修は、各国の王室や大統領府などの料理人らが組織する「クラブ・デ・シェフ・デ・シェフ」などが企画、実現した。

18年前に1年間フランスで料理を学び、現在はいわき市でフランス料理店を経営。

「素晴らしい経験」と感激の日々だ。》　（共同通信社２０１３年10月３日）

だがこの記事を見た直後、私の正直な感想はこれだった。

――この料理人はいったい誰だ？

萩春朋？　37歳？――それは、かつて私のアンテナに一度もかかったことのない名前だった。それだけに興味が湧き、彼のキャリアやバックボーンをあれこれ調べてみると、いろいろ面白いキーワードが出てきた。

一つは、記事にもあるように、東日本大震災で大きな被害を受け、崩壊した福島第１原発の被害（風評被害を含む）にいまも悩まされている「福島県いわき市」でレストランを営むオーナーシェフであること。しかもその店は、かつてはカジュアルなメニューも置く庶民的なフランス料理店であったというが、震災後は完全予約制で「一日一組」の客しかとらないスタイルの高級レストランに変わったという。

食材は徹底的に地元いわき市（あるいは福島県）産のものにこだわり、どうやら地元の生産者たちと強固なネットワークを築いているらしい。

そしてもう一つ、私にとって大きかったのは、萩さんはかつて辻調理師専門学校に学び、

1996年にはリヨンにある辻調グループフランス校でも学んだ我が校の卒業生であるということだった。エリゼ宮での料理のあとで、彼はリヨンのフランス校を訪ね、後輩たちに自分の料理に対する考え方を話してくれたという。

——地方からこういう料理人が誕生するようになったのか。それにしても、どういう料理を振る舞えば「一日一組」という営業スタイルが成立するのだろう。地元の生産者たちと、どんなネットワークを築いているのだろう。

私には素直に驚きだった。

それまで私が実際に訪ねたり情報として見聞きしたりしている震災後の東北は、復興は思うように進まず、震災前からの過疎化や高齢化もより深刻になり、経済的にも精神的にも疲弊しているという認識だった。特に福島にあっては原発事故の影響は大きく、そのすそ野はどこまで広がるのかわからないという現実もある。いってみれば「課題山積地域」だ。そういう状況下にあって、飲食業関係者や農業漁業関係者には悩み多き生活が続いているはずだと思っていたのだ。

ところがその地から、フランス料理界の本場で評価されるような料理人が突如生まれてきたという。震災後の、さまざまな意味での「苦難の大地」から新芽が芽吹くイメージだ。まだ見ぬその姿からは、私が描いていたかつての料理人像とは違う、新しい「胎動」が感じられる。

いったいどういうプロセスを経て、彼は育ってきたのだろう。被災地・東北からこういう料理人が生まれたということは、他の地域でも新しい動きが芽吹こうとしているのだろうか？　日本全体を見れば、食の世界ではもっともっと新しい動きがあるのではないか。

私は漠然とそんな予感を覚え、まずはいわき市を訪ね萩さんに会おうと思った。同時にアンテナを日本中に張りめぐらし、料理界の新しい動き、意欲的な取り組み、斬新なアイディアが生まれつつある「現場」を訪ね歩いて、その胎動を生で体験しようと思い立った。

そこから何が生まれようとしているのか、私はまず自分自身の全身で体感したかったのだ。

「日本の食」を考える取材の旅は、こうして始まった。

疲弊する国・日本

いうまでもなく現在の日本は、人口減、経済の縮小、地方の疲弊と衰退、財政危機、年金破綻等、世界的に見てもさまざまな面で重い課題を背負った「課題先進国」といわれている。

私が籍を置く教育界を見ても、若者人口の減少による影響ははなはだしく、若者たちの描く将来の「夢」もスケールが小さくなっている印象だ。いや若者たちからしたら、国家の将来展望が暗い中でどうやって明るい夢を描けというのかと、現在の日本をつくった大人たちを問い詰めたい思いなのかもしれない。

飲食業界においても、周知のように多くの課題があげられる。

一つは世界的に見て、食料における「安全性」が大きなテーマになっていることだ。ここ数年大きなニュースにもなっている農作物の遺伝子組み換えや加工食品の偽装問題、一次産品の産地偽装等は、消費者を疑心暗鬼にさせている。

また世界の総人口が70億人を突破したいま、あらゆる意味で第一次産業の生産物のサステイナビリティ（持続可能性）は大きな課題だ。農業の工業化や技術革新の必要性が叫ばれる一方、乱獲による生態系の崩壊や、互いの食文化への過干渉等、世界規模での問題の共有が必要とされている。

その一方で日本では、第一次産業の衰退が著しい。農業や漁業に従事する者は年々減少している上に、高齢化も進んでいる。現状ですらカロリーベースでの食料自給率は4割を切っているが、この数字が減少することはあっても増加に転じることは難しい。

今日の世界の食文化潮流

もう少しミクロの視点で世界的な食文化の流れを見ると、今日の状況にはいくつかの特徴がある。

一つは、世界の料理界において、日本の料理が持つ伝統的な技術やこの列島からとれる食材の魅力が大きく評価されていることがあげられる。前著『和食の知られざる世界』（新潮新書）でも詳述したが、世界から見た日本の料理（及び日本人料理人）は、圧倒的な技術力を持ち、健康的、衛生的、安心して食べられるというイメージでとらえられている。ニューヨークやロンドン、パリといった大都市では本格的な和食店（寿司、焼きとり、ラーメンのような専門料理店から会席料理店まで）は爆発的に増えているし、外国人資本の和食チェーンも誕生している。世界中どこに行っても、上手に箸を使いながらお刺身や焼き魚、丼物やお椀、ラーメン等を味わう欧米人を目にするし、「スシ」や「サシミ」にとどまらず、今日では「ウマミ」「ダシ」「イザカヤ」なども、世界共通語になりつつある。

70年代から、日本料理は少しずつ世界の料理界に影響を与えてきたが、ここにきてそれが開花した印象だ。

折しも本書執筆中の２０１５年1月、２月には、「世界ベストレストラン50」で世界ナンバーワンレストランになったデンマークの「ｎｏｍａ」が、本店を閉めてスタッフ全員を引き連れて、日本のマンダリン・オリエンタル・東京で約５週間営業をするという壮挙もあった。これまでも世界の有名シェフが来日して何日間かフェアを開くということはあったが、「ｎｏｍａ」の料理長レネ・レゼピ氏の行動はスケールが違う。約半年前から自身やスタッフを何度も日本に送り込み、まずは東北の白神山地を訪ねてこの列島の自然美に触れ、そこから全国を歩いて魅力的な食材探しを始めたという。このことは第八章で詳述するが、世界の料理人にとって、この列島の持つ食文化環境のポテンシャルは、世界レベルで魅力的に見られているという証左でもある。

もちろんこのムーブメントには、世界各地で奇妙奇天烈な日本料理が誕生しつつあるという危機も含まれてはいるが、日本の食の関係者にとっては、和食が世界における料理のスタンダードの一つになる絶好の機会になることは間違いないはずだ。

一方で、ガストロノミーの世界では常に中心に位置していた「フランス料理」というジャンルの中心軸がフランスだけではなく、より国際化している傾向がある（ちなみにこれまでガストロノミーとは「美食学」と訳されてきたが、原義は「胃に関わる規範」であり、「よりよい食を実現する営み」という意味だ。本書ではその原義と意味に則って使いたい）。

フランス料理レストランの調理場で働く料理人は多国籍化し、南米や北欧からも素晴らしい料理人やレストランが登場している。

第八章で記すが、2014年に北欧で開かれた「MAD」という料理界の一大イヴェントで、フランスの3つ星シェフだったオリヴィエ・ロランジェがこれからの料理界と料理人の社会的使命を「英語」でスピーチするという出来事があった。ロランジェはフランス・ブルターニュ地方、モン・サン・ミシェル近くのカンカルにある「メゾン・ド・ブリクール」のシェフで、スパイスを駆使したソースの魔術師と呼ばれ、2006年には3つ星も獲得した。けれど08年には「星とりゲームを嫌って」星を返上。星よりも料理の本質を追求する姿勢を、身をもって示したことでも有名な料理人だ。

私は数年前、彼が来日した折に京都をご案内したことがあるが、「インド料理は20から30種類のスパイスを使いこなすのに、フランス料理ではせいぜい3、4種だ。西洋文明はたかが知れている」と謙虚に語っていたのが印象的だった。

今回の「MAD」では、フランス本国の料理人たちの信も厚いそのロランジェが、あえて拙い英語でスピーチしたことに注目したい。この例だけでなく、これまで世界中のフランス料理店の調理場ではフランス語が使われるのが普通だったが、最近では前述したデンマークの「ｎｏｍａ」のように、英語がいわば共通語になっている店が増えてきている。

　また、レストラン批評の世界もグローバル時代になってきた。フランスではこの百年、「ミシュラン」が専門の調査員を育成して権威を持つガイドブックを作り上げた。一方、世界の食のジャーナリストたちが、あたかもジェットセッターのように世界中のレストランをジェット機で食べ歩き、複眼的な視点で投票しランキングをつけるというシステムの「世界ベストレストラン50」が登場してきた。その投票方法は民主的とはいえ、はたしてそのランキング結果が正当かどうかは、にわかには判断しづらい。

　ただ、ひとつだけ言えることは、グローバル時代、さまざまな価値観が共存している状況のなかで、「ミシュラン」と「ワールド50」という異なるランキングシステムが二つあること自体は、料理業界にとっては悪いことではないはずだ。

　また、世界中どこにいてもネットに接続できる環境になったことで、レストランや料理人、サービスマンたちは常にお客様からの主観的な批評の目に晒《さら》されることになった。一つのミスや調理技術の未熟さが致命的な批評に繋がることもある。まるでノーガードでパンチを浴び続けるボクサーのような状態だ。もちろん、ネットでの評判によって客足が絶えない辺境の店も誕生しているわけだが、料理関係者にとっては一瞬たりとも気を抜けない環境になったといえるだろう。

その一方で第七章でも述べるが、料理人同士、あるいは料理人と食材生産者、流通加工業者たちがSNSを通して密なネットワークを構築するようにもなった。これまで近そうに見えて意外に壁をつくっていたこの世界の隣人たちが、同じ方向を向いて食材や飲食業界全体についての議論を始めている。これまでにも業界内の情報交換会のようなものはあったが、ネットを経由したこの動きは、圧倒的にスピードが速く、いうまでもなくグローバルだ。第四章で述べる日本料理「龍吟」の料理長、山本征治氏が行っている「YouTube」を使っての料理技術の情報発信は、まさにこの時代の象徴といえるだろう。この環境から生まれるさまざまなムーブメントも、この時代の新しい食文化潮流の一つだ。

そしてもう一つ付け加えておくならば、この世界に入ろうとする若者たちの気質や価値観の変化も押さえておくべき事象だろう。

インターネットの世界では「76《ナナロク》世代」という括《くく》りがある。大学入学と同時に95年のウインドウズショックを経験し、デジタルネイティブの走りといわれた世代だ。この世代が社会人になるころには日本経済は不況とデフレのどん底にあり就職氷河期でもあったから、彼らは既成の企業社会をはなから信じていない。大いなる不信感を抱いている。インターネットの技術を駆使して起業したり、その技術や企業を売却して得た利益で社会的な投資家になったり、ＮＰＯやＮＧＯに参加して社会貢献したり、それ以前の世代にはない動きを見せる者が少なくない。

その世代がいま40代になりつつあり、日本社会のさまざまなシーンで社会的な影響力を増しつつある。今回私の旅の中で出会った魅力的な食の関係者の多くが、ちょうどこの世代であることは偶然ではないはずだ。

彼らは常に小型のＰＣを持ち歩き、いつでもどこでも瞬時に他者と繋がる。ＳＮＳを駆使してさまざまな情報の発信と受信を繰り返し、顧客や関係者としなやかでしたたかなネットワークを築き、自らの社会的使命を考えながらさまざまなアクションを起こしている。

もちろんまだまだ課題も多いが、私には彼らの姿の先に、新しいこの国の形が見えてくる気がしている。

私は、次代を担うプロの料理・製菓の技術者たちを育成する辻調グループの代表を務めている。１９６０年に我が校を創設し、本格的なフランスの料理と食文化を日本にもたらした辻静雄を父に持つ私は、10代から20代の大半を欧米で暮らしてきた。その間、海外に住んでいるからこそ、常に日本を意識し続け、日本と世界の食文化と等距離に接してきたような気がする。

教育者となって22年、私はこの社会で活躍するさまざまなタイプの料理人や食に関わる人たちと出会い、料理とその背景にある彼らの哲学や技術に接してきた。

グローバル社会が到来した現代において、日本の料理界、あるいは日本の料理人が磨いてきた伝統（技術、食材、考え方等）を正しく継承しながら、それらを日々革新していくこと。それが戦略的に同時進行で行われることが、この国の飲食業界の発展に繋がり、同時に日本という国の未来に希望をもたらすのだと確信している。

簡単に最適解を導くことは難しいが、あくまでも中間報告として、本書を繙《ひもと》いていただけたら幸いである。

すごい！　日本の食の底力　新しい料理人像を訪ねて――目次

第一部　地域を「愛する」力

第一章

地域の魅力を「掘り起こす」力

フランスに学ぶ地域と食文化のあり方

美しい大自然の中で

その丘に登ると、まるで大地が一枚のキャンバスになったような錯覚を覚える。素晴らしい感性を備えた巨大な芸術家の手によって、視界一杯に広がる大自然の輪郭から細部までもが美しく調和しながら荘厳なハーモニーを奏でている。

巨大な芸術家は、まず北の方角に南北63km東西59km、総面積が神奈川県にも匹敵する標高2000メートル級の山々が連なる大雪山系を形成した。ついで大地には、赤茶色、黄色、深緑色、浅い緑色等々、美しい絵の具をたっぷり含ませた絵筆で現代美術よろしく長方形を連続させて「パッチワークの丘」を描いた。その所々には針葉樹を聳《そび》えさせ、丘のアクセントにすることも忘れなかった。

空には大小の鳥が飛び交い、小川にはキラキラと鱗を光らせる魚たちが泳いでいる。野山にはウサギや鹿、熊、猪といった大小の動物たちが駆け回り、風はあくまで爽やかに山の斜面を駆けおりて大地を吹き抜ける。

——この雄大さは、本当に日本の風景なのだろうか?

この地を訪れる人は、誰もがそう感じるに違いない。その美しさは、まさに世界屈指といっていい。その証拠に、大地の中央に位置する東京23区に匹敵する総面積の「美瑛町《びえいちょう》」は、フランスに本部がある「世界で最も美しい村」連合に倣って「日本で最も美しい村」連合を立ち上げた（会長は、浜田哲美瑛町長）。２０１５年６月には、日本で初めてその世界大会を開く地でもある。

もちろん、大自然は美しいばかりではない。真冬にはマイナス30度をも記録する厳冬の大地であり、その開拓には何百何千何万人もの人々による生命をかけた大地との格闘があったはずだ。美しさと厳しさ、喜びと苦悩、悲しみと希望、そんな幾層にも及ぶ人々の歴史があったからこそ、この大地は美しい。

この地でいま、食文化をテーマにした壮大なプロジェクトが生まれている。一人のジャーナリストと北海道を代表する料理人が先頭に立ち、この地の食文化の可能性に鍬《くわ》を入れ、大地を深く掘り起こし、そこに種を蒔《ま》き水を与えて新しい芽を育てようとしている。

そのプロジェクトは、新聞にこう紹介された。

《美瑛の丘にあった旧北瑛小学校が、料理の研修施設とレストランに生まれ変わった。美瑛町が10日に開いた「北瑛小麦の丘体験交流施設」。開所式で浜田哲・美瑛町長は「丘の景観を生かして農業の情報発信をしていきたい。美しいまち、おいしいまちづく

りの拠点になる」とあいさつした。レストランは4月22日に正式オープンする。》

（朝日新聞デジタル、2014年3月11日）

美瑛町は明治30年代に開拓が始まり、代々農業（小麦、ジャガイモ、トウモロコシ、アスパラ等）を主産業として生活が営まれてきた。旧北瑛小学校はその3番目の小学校として、大正7年に地元民の手でつくられた。町の人口の最盛期は昭和30年代で約2万1000人を数えたが、その後減少して現在は1万700人程度になっている。同校は2006年3月に閉校したが、その後再利用を目指していくつかの試案が模索されてきた。

その多くは開拓者の末裔《まつえい》である地元の人々にとって、小学校は集落の文化や記憶のセンターであり、地域活動の中心でもあった。美瑛に限らず、北海道のかつての開拓集落では、結婚式や葬式も学校の講堂や教室で営まれていたという。青年団や若妻会といった集まりも地域の運動会も、全て学校が舞台となった。

その思い出の地に、美瑛町は農林水産省の助成金を獲得して総事業費約4億円をかけて、地域でとれる小麦をテーマにした「体験交流施設」をつくった。そのプロジェクトの企画立案者になり、いまこの施設の支配人兼料理塾の塾長として活躍しているのが、食のジャーナリストの齋藤《さいとう》壽《ひさし》さんと、札幌でミシュランの3つ星に輝くレストラン「モリエール」を経営するオーナーシェフ、中道《なかみち》博《ひろし》さんのコンビだ。

地域の魅力を味わい尽くすコンセプト

初めてこの施設を訪ねたとき、私にはピンと来るものがあった。齋藤さんにも中道さんにも初対面ではあったが、お二人のこのプロジェクトにかける思いの源泉《ルーツ》に、私はかつてフランスで出会ったことがあったのだ。

パッチワークの丘の上に建つ旧北瑛小学校の校舎をリニューアルしたこの施設には、研修棟、宿泊棟、レストラン、パン工房が配置されている。校庭だった土地には黄色の花を咲かすキガラシが植えられ、それを鋤《すき》込んで土地に養分を与えて、やがては小麦畑にするという。

宿泊室に入ると、無垢の木材がふんだんに使われた美しいツインルームの南側に切られた大きな窓からは、美瑛の大地がまるごと見渡せる。レストラン「ビブレ」で供される本格的なフランス料理のメニューは、いずれも美瑛でとれる野菜やジビエ（狩猟鳥獣肉）がメインとなり、この地で栽培されている小麦「ゆめちから」からつくられたパンが添えられる。

主に料理の経験者を集めてフランス料理を中心に、日本料理、中国料理の基礎から最先端技術までを2年かけてワークショップ形式で学ぶ塾でも、この地でとれるあらゆる食材を使った「学び」が実践される。冬期には地域の人たちを対象にして、地元の小麦を使ったパンづくり講座も実施されている。

つまりこの施設のコンセプトは、その景観から食文化まで、まるごとこの大地の魅力と可能性を味わい追求しようというものだ。

「私と中道の二人で考えたのは、フランスのオーブラック地方ライオール村でミシュランの3つ星に輝くシェフ、ミシェル・ブラスの実践を理想とするような食文化と地域の関わりをこの地で展開したいということでした」

齋藤さんはまずそう語り出した。

私がこの地を訪ねてまず脳裏に浮かんだのは、90年代から今日まで何度も何度も訪ねたフランス中南部に広がるオーブラックの大地であり、その大地に建つまるで空中にガラスの立方体を浮かべたような美しいオーベルジュ（レストランと宿泊施設）「ミシェル・ブラス」のことだった。

ブラスは、「自然から料理を創作する料理人」と呼ばれている。かつて一度もオーブラックを離れて料理修業したことはなく、母が経営していた旅籠《はたご》での料理を学んだだけで料理人として独立した。そのスペシャリテ（代表料理）は、オーブラックの大地で栽培される野菜や自生する野草花を一つ一つ丁寧に調理して見事に調和させた「ガルグイユ」と呼ばれる料理。その一皿はまさに「オーブラックの大自然を皿に表現した料理」と呼ばれている。

はたして齋藤さんと中道さんは、ブラスから何を学びそれをどう美瑛で実践しようとしているのか。それによって美瑛はどう変わろうとしているのか。私はますます興味深く、齋藤さんの言葉に耳を傾けることとなった。

料理人を動かすジャーナリスト

「私たちが互いの故郷である北海道の地でブラス氏を意識した取り組みを実践し始めたのは、もう20年も前のことになります」

齋藤さんが語る。

時は90年代半ば。40代半ばだった齋藤さんは、「月刊　専門料理」の名物編集長として飲食業界で名を馳せ、独立して「料理王国」、その後「料理通信」の創刊編集長として活躍していた。

同じころ、中道さんは札幌市内に「モリエール」を開店していた。フランスから帰国して店を開いたある日、札幌で開かれたフランス料理コンクールの審査員長を務めるフランスの3つ星シェフ、アラン・シャペルが店にやってきた。当時の中道さんにとっては、雲の上の料理人だったという。そのシャペルが、食事のあとで調理場に入り「これぞフランス料理の調理場だ」と言って帰った。それだけでなく、コンクール後の挨拶でも、「コンクールに挑戦したみなさん、地元に素晴らしいレストランがある。『モリエール』でぜひ料理を味わってください」と語ったという。中道さんにとって、その言葉がどんなに大きなものであったかは想像に難くない。そしてまた、料理人としての中道さんの実力を示す、このうえないエピソードでもある。

その二人が出会ってまず行ったのは、スキー場で有名なニセコと留寿都《るすつ》の間にある、真狩《まっかり》村《むら》に水をくみにいくことだった。中道さんが言う。

「この村は、羊蹄山《ようていざん》の伏流水が流れ出し、ユリネやジャガイモ等、農産物の産地でした。実に美味しい野菜がつくられていたのです。それは水に秘密がある。料理人にとってはまたとない環境です。私たちはここに『シェフ道場』をつくりたいと考えるようになって、村を何度も訪ねたのです」

交渉の結果、シェフ道場という夢は叶えられなかったが、二人は村と協同し第三セクター方式で「マッカリーナ」という名のオーベルジュを建てた。デザインは田中一光、設計は内藤廣という、斯界の第一人者たちが手がけた自然に溶け込んだ素晴らしい建物だ。

その間齋藤さんは、ジャーナリストとしても活動しながら、洞爺湖畔の高級ホテルの顧問として招かれる。そのホテルは、出資者でもあった北海道拓殖銀行の経営破綻で一度は頓挫するが、新しいオーナーの下、「ザ・ウィンザーホテル洞爺リゾート＆スパ」として経営を再開し、齋藤さんはそこにフランスから「ミシェル・ブラス」を誘致することに成功した。

――あのブラスが日本に出店する！

私にとってもそれは驚きであったし、多くの業界関係者が耳を疑う「事件」でもあった。それほど齋藤さんは食のジャーナリストとしてブラスから信頼される存在だったのだ。

地域をプロデュースする料理人

ブラスとのそもそもの出会いを、齋藤さんはこう語る。

「私がブラスに出会ったのは、まだ彼の店が2つ星のころでした。当時から、私はブラスの料理が将来のフランス料理の主流になると睨んでいました。ブラスは徹底的に地域の食材を使い、大自然から生まれる野菜の集大成のような料理をつくっていました。近くの野山を一緒に歩くと、ブラスは『この草はどの季節に美しい花を咲かせるのか。どういう特徴があってどう料理すると美味しくなるか』をすらすらと語ってくれるのです。毎朝野山に出て野草を摘み、それらを30種類も40種類も使って一つずつ味付けを変えて料理して、それを盛って一皿に完成させる。それ以前のフランス料理にとって野菜は、肉料理や魚料理の付け合わせ（ガルニチュール）と思われていましたが、自然志向、健康志向になった現代人にとっては魅力の宝庫。私はその可能性を見込んで、『料理王国』の創刊号の表紙にブラスの料理の写真を使ったのです。そこから深いつきあいが始まりました」

私がブラスの店を訪ねるようになったころ、店は2つ星から3つ星を獲得し、オーブラックの丘の上に移転していた。そのオーベルジュを訪ねると、誰もがこの店の存在そのものが自然との融合であることはすぐに体感できる。食事も、オーブラックの自然の恵みをシンプルにして余すところなく表現している。ブラスは、この大地で自生あるいは栽培するどんな植物（野草花）でもその学名（ラテン語）で諳《そら》んじており、生態の特徴や発生の歴史、美味しい食べ方等を語ることができる。山全体を楽譜のように読み込み、自然の音、風、情感を含めて皿の上に美しいメロディを奏でることができる。まさに「ここでしか味わえない」「この季節、この瞬間、この大地から生まれた料理」が完璧な状態で出てくる。店に入った瞬間の驚きから食事のあとの余韻まで、全てがブラスの美学や哲学に貫かれているのだ。

さらに齋藤さんはこうも語る。

「父親が鍛冶職人だったブラスは、この地の名産であるナイフもプロデュースしています。いまや世界中のフランス料理レストランで使われるようになったライオール産のナイフは、ブラスの名声とともに世界に広まったといっても過言ではありません。つまり一人の傑出した料理人と一つの名店の存在は、その地域にテーマや目標を与えるのです」

そもそもライオールは、さほど有名なナイフの産地ではなく、かつて農民たちは冬場には出稼ぎに出ていたという。

それがいまでは、鍛冶職人の工房にはその名声を頼りに世界中から研修生たちがやってきているし、生産者たちも、自分たちの食材が3つ星レストランで使われるということで、誇りを持って仕事に当たっている。ブラスのオーベルジュを訪ねる観光客は世界中からやってきて、もちろん村に富を落としていく。素晴らしい好循環だ。

このような食文化と地方の相互啓発的な美しい関係は、ブラスとオーブラック地方ライオール村に限らず、フランスでは各地で見られる。

たとえばリヨンから車で3、4時間走った寒村サン・ボネ・ル・フロアにも「レジス・

エ・ジャック・マルコン」という3つ星レストランがある。

シェフのレジス・マルコンは、フランス料理の本質を頑固なまでに守りながら進化させることのできる料理人だ。キノコの名産地だからキノコ料理が名物というレベルを遥かに越え、世界中にファンを持っている。

この店も、かつてはマルコンの両親が経営する小さな旅籠だった。マルコンは料理修業を経てこの店に入り、1つ星から2つ星、3つ星へと一段ずつステップアップしてきた。1つ星のころは古い建物で、部屋のベッドも真ん中が窪んでいたという。

私は2つ星時代の93年に初めてこの店を訪ねたが、いったい何時間車に乗らなければ着かないのか、途中で少々不安になった記憶がある。しかも辿り着いたのは本当に小さな集落で、細い道沿いに数十メートルにわたって民家がへばりつくように並んだだけの、本当に一瞬で通りすぎるような村だった。

かつての旅籠はこの地を通るわずかな旅人を相手にする施設だったはずだが、マルコンがミシュランの星を獲得するごとにその料理を目指す観光客は増え、3つ星のいまは村の総人口約200人に対してレストランで働く従業員は50人、年間を通して世界中から美食家がやってくる名所になっている。

もちろんマルコンも地元の生産者の生産物を使うから、彼らもまたよりよい食材を提供するようになっている。この地でマルコンが果たした役割は、一人の人間ができることとしてはやはり傑出しているだろう。

齋藤さんもまた、マルコンの思い出をこう語った。

「2つ星のころに訪ねたことがあります。まだ店は小さなレストランでしたが、マルコンは近くの丘の上を指さして『将来あそこに大きな店を出したい。隣には学校も建てて料理人も養成したい。それが私の夢なんだ』と言っていました。いまはそれが現実のものとなって、世界中からマルコンに憧れる料理人がやってきています」

つまり齋藤さんは、ジャーナリストとして出会って取材したガストロノミーの巨人たち、フランスの3つ星シェフたちの哲学やビジョンを通して、彼らが地域とどう関わり、地域の食文化にどんな恩恵をもたらしたかをつぶさに見てきたのだ。

とはいえ、ジャーナリストとしての経験がただちに次なるアクションに繋がるとは限らない。美瑛に来てみて感じるのは、世界のトップクラスの料理人たちを取材してきた齋藤さんは、単にその成功モデルとしての地域おこしや「フランス・モデル」を日本に移植しようとしているのではないということだ。料理というものがある「高み」を目指すことで実現することのできる到達点、ガストロノミーの持っている力や凄み、それらを知り尽くし信じた男の覚悟がここには漲《みなぎ》っている。

食の豊かさが、地域を救い世界を救う。そこには教育の力も必要になる。料理というものを「理解」することの意味を問うてきた食のジャーナリストが、自ら美瑛町に移住してまさに現場に降りる形でこの一大プロジェクトに取り組んでいる姿に、私は大きな感銘を受けた。

中道さんと齋藤さんの地域との関わり方、食文化で地域を活性化する実践は約20年という長い時間をかけて、ゆっくりゆっくりと実を結ぼうとしている。

北海道の大地に広がる食文化の「夢」

「マッカリーナ」が誕生して以降、齋藤さんと中道さんの「食文化を通して地域を愛する活動」は次々とテーマを広げていった。

「マッカリーナ」は日本経済新聞が選ぶ「専門家おすすめのオーベルジュ」に輝き、着実にファンを増やして開業1年目から黒字となった。いまではミシュランの北海道版で、1つ星に輝いている。

その業績を評価して、札幌市はイサム・ノグチの設計で計画していたモエレ沼公園内へのレストランの出店を依頼してきた。イサム・ノグチは「大地を彫刻する」といわれた芸術家だ。かつてゴミ捨て場だった埋立地が、その手によって蘇る。そのコンセプトに共鳴した中道さんは公園に出かけ、そこで無邪気に遊ぶ子どもたちと出会って「ランファン・キ・レーヴ（夢みる子どもたち）」という名のレストランをつくることを決意。いまも営業は続いている。

さらに登別温泉のＪＲの払い下げ施設を使って、５年間の期間限定でオーベルジュをつくった。心身ともに癒される露天風呂とここでしか味わえない料理が人気となり、ここも開業１年目から黒字となった。ついで札幌大通り公園脇のビルに「プレ・ヴェール」を出店し（これは２０１３年で閉店）、その後美瑛町との関係が始まる。

最初に二人を訪ねてきたのは、美瑛町の農協「ＪＡびえい」だった。齋藤さんが振り返る。

「当時からＪＡびえいは革新的な農協で、東京にアンテナショップを出すなどしていました。生産者たちは小麦の他にジャガイモ、アスパラなど6品目程度をつくっていましたが、メインとなるものがない。ＪＡびえいの幹部たちには、『農家の意識を変えないと駄目だ』という強い危機感がありました。そこで私たちは、『食べて納得して買ってもらう』というコンセプトで『美瑛選果』という地元の米や野菜、加工品の魅力を紹介するショールームを提案しました。店の中央にアイランドキッチンを置いて、そこで調理した野菜を食べていただき、美味しいと思ったら買っていただくという店です。隣には、やはり美瑛の畑からとれる野菜を中心としたレストラン『アスペルジュ』もつくりました。シェフは毎朝契約した畑に直接出向いて、その日一番美味しい野菜を自分たちで収穫して料理する。農家と料理人のコラボレーションを毎日行う場をつくったのです」

地元の農家の人たちは、初めはこの店の出現に戸惑っていたというが、自分たちのつくった生産物に対して自分たちで値付けができ、目の前でお客様が「美味しい」と言って買ってくれる光景に喜んだ。またレストランでも野菜が主人公となる料理が味わえる。自分たちが苦労してつくった野菜がどんな料理になるのか、畑で齧《かじ》る野菜の美味しさ以上の料理になるのか、楽しみにレストランに通うようにもなった。ここもミシュランの1つ星を得ると、生産者たちは我がことのように喜んだ。生産者と生産物が町の主人公になったのだ。

そういう成果を経て、今回の「北瑛小麦の丘」プロジェクトが生まれてきたというわけだ。

美瑛には約1万2900ヘクタールの畑があり、約2000ヘクタールの田と約2000ヘクタールの牧草地がある。そのうち300ヘクタールで「ゆめちから」「春よ恋」という小麦が栽培されている。

齋藤さんが熱を込めて語る。

「浜田町長は観光と農業で町をつくりたいと言っています。大切なポイントは、小麦や農作物の畑がしっかり耕作されていないと、パッチワークの景観が守れない。観光客も遠ざかってしまうということ。つまり美瑛では、観光と農業は密接に関わっているのです。農家ががんばらないと観光業も駄目になる。その両者を結びつけるのが『食文化』です。一人の料理人、一つのレストラン、一つのスペシャリテが地域に存在することで、地域はテーマを持てると思っています」

地域が持つテーマ

齋藤さんが塾長を務める料理塾では、初年度の2014年には3人の塾生がやってきた。3人とも料理の経験者であり、自分の技術や哲学をよりブラッシュアップしたいという希望だった。

彼らは月に8万円の授業料（寮費込み）を支払って施設に住み込む。7月から10月にかけては連日観光客がやってくるから、朝は5時から畑に向かい、生産者からその日最も美味しい野菜を仕入れてくる。その後調理場に入り、中道さんの20年来の右腕ともいえる鈴木俊之さんの下で実習に励む。週末を中心に昼夜全40席がフル稼働するから、調理場はてんてこ舞い。その仕事をこなすことも、研修の一つだ。この実習に対しては時給が支払われるので、塾生たちは授業料を払ってもお小遣いが残るほどだという。

冬季には、店は週末だけの営業になるから、塾での講義が本格化する。ワークショップ形式で、「教わる」よりも「自ら学ぶ」スタイルだという。さらに、中道さんの息子さんがアメリカの4年制の料理の大学CIAを卒業後、スイスのローザンヌホテルスクールに在学中で、デンマークの「ｎｏｍａ」で研修した経験もある。それらの教育機関のカリキュラムやテキスト、最新のレシピ情報が齋藤さんのもとに集まっている。これまでのジャーナリストとしての見識とネットワーク、そして世界の最新の料理教育情報が集まっているのだから、この小さな「教育の現場」の可能性には、はかりしれないものがある。

さらに齋藤さんはこう語る。

「地元の美瑛高校の校長とも話して、将来的に料理をテーマにしたプログラムを組む相談もしています。２０１５年の『世界で最も美しい村』連合の世界大会が美瑛町で開催されるときには、高校生たちがガレットを焼いてお客様をもてなすことを提案しました。パン工房では、塾生たちが焼いたパンを町の人にも食べてもらっています。その中には失敗作もあるけれど、みなさんの小麦でつくったパンをこんなふうに美味しく焼いていますということを伝えたい。町長が言うように、ここで育った料理人に将来は美瑛の食材を広めてほしい。そういう食文化の発信基地にしたいと思っています」

北海道だからできること

地方の過疎化、経済的な疲弊が叫ばれる中、地域おこしはさまざまな形で各地で行われている。それらは、ひと言でいえば「地方の魅力探し」といえるだろう。このことは、第五章で述べる星野リゾートの取り組みにも重なっている。

これまで農業や観光をテーマとする地域おこしの事例はさまざまにあったが、「ここでしか採《と》れない食材」を、「ここでしか食べられない料理で味わう」という事例は、日本ではけっして多くなかった。そこに温泉があれば日本人はどこまでもでかけるが、それ以上の付加価値を持つ食材や料理を生み出す努力に欠けていた。

美瑛での取り組みは、観光と農業という日本の地方が持っている二つの鉱脈を「食文化」で結びつけ、地域全体を盛り上げていこうとする試みだ。

フランスに花開いている「食文化を戦略的に使う発想」の日本への移植。スケールの大きな北海道だからこそ実現可能なこの挑戦。食文化に関わる者の一人として、プロの料理人の教育に携わる者として、大いに注目していきたい。

第二章

地域と生産者を「繋げる」力

東日本大震災から生まれた関係

調理場から赤いつなぎの男が

私がそのレストランを訪ねると、調理場から白いコックコートを着たシェフと、真っ赤なつなぎを着た男性の二人が現れた。ともに30代後半世代。仲は良さそうだが、赤いつなぎの男性はどう見ても料理人ではない。なぜ彼が調理場から現れたのだろう。

後にわかったのだが、その「違和感」こそが、この二人の関係性の特徴だったのだ。

ここは福島県いわき市の内陸部。ＪＲいわき駅から車で約10分走った山間部の一角に、「Ｈａｇｉフランス料理店」はある。極めてシンプルな看板が入り口にかかっただけの、落ち着いた佇まいの郊外型一軒家レストランだ。

２０１４年の初夏の一日、私はこの店を訪ねた。中に入って改めて驚くのは、メインダイニングの中央に大きなテーブルが一つしかないことだ。普通の店のように、二人用、四人用、八人用といったバリエーションはない。調理場にはシェフ一人。表のサービスも奥様一人だけ。シンプルといえばあまりにシンプルなレストランだ。

すでにまえがきでも紹介したように、この店のシェフの萩春朋さんは２０１１年の東日本大震災のあと、完全予約制「一日一組」という営業スタイルを貫いている。メニューは昼も夜も1万円、1万5０００円、2万円の3コースのみ。ワインや飲み物を入れると、平均客単価は2万円前後になるという地方では珍しい高級店だ。

挨拶を済ませると、萩さんは料理をつくるために調理場に戻っていった。残った赤いつなぎの男性、白石長利《しらいしながとし》さんへのインタビューから取材は始まった。白石さんは「自分はいわきで主に冬野菜をつくっている生産者です」と自己紹介した。

——調理場で何をやっていたのですか？

私は尋ねた。普通料理人は他人がむやみに調理場に入ることを嫌がるものだ。ところが白石さんは、驚くようなことを語った。

「今日萩さんが料理したヴィシソワーズ（ジャガイモの冷たいスープ）の味見をしていました。使うジャガイモは今朝私の畑でとれたものですが、その澱粉の味がしっかり出ているか、味見させてもらって『もうちょっとかな』と意見を言ったのです」

えっ？　生産者（白石さん）が料理人（萩さん）に料理の味見をして意見する？　料理人もその意見に耳を傾けるというのか？

改めて驚きだった。生産者と料理人は近い関係のようで、そこには厳然とした壁がある。互いに自分の専門領域は侵されたくない。職人と職人の距離感のあるつきあいが普通だ。白石さんは平然とこう続けた。

「ジャガイモは収穫する時期によって味が大きく異なります。若いジャガイモは澱粉質がごつごつしていて粗い。熟したジャガイモは表面がしわしわになって甘くなります。萩さんの店ではその日のじゃがいもの熟し方の違いで調理法を区別されています。毎朝畑に足を運ぶのはもちろんのこと、時間があると私の畑を手伝ってくれるし、生産物も土をぬぐっただけでガシガシ齧る。そうやって今日の食材の最適な料理法を探っているのです。私も生まれてこのかた、畑では美味しいものしか食べてきていない自負があるので意見を言います。それを聞いてくれるのが萩さんの凄いところだし、その結果私がつくった食材で最高の料理をつくってくれるという信頼感があります」

この信頼関係があるからこそ、二人には壁がないのだろう。

やがて萩さんはできあがった一皿を手にダイニングに出てきた。

「今日はトマト出汁《だし》を使ってヤナギガレイの一夜干しの風味を生かした料理を食べていただきたいと思います」

――フランス料理で「魚の一夜干し風味」か。

それもまた、私の引き出しにはない調理法だった。萩さんは丸い顔を紅潮させながら落ち着いた口調でこの料理を説明した。

「ヤナギガレイはいわきの海でとれる魚のシンボルです。以前漁港に行ってそこで働くおばちゃんたちに、最も美味しいとされる一夜干しの料理法を教えてもらいました。トマト出汁は、トマト農家の人が海の食材のためのソースにならないかと言って最高のものをわけてくれました。そこで今日は、生のヤナギガレイの身に、ヤナギガレイの干物を焼いてトマトの出汁で煮たスープをいわき産日本酒『太平桜』とともにガストロバックで染み込ませて、スチームコンベクションオーブンで蒸してみました。塩はいわき産の塩を使っています。いまも海水を薪で焚いて製塩している方が一軒だけいるんです。この料理は『いわきの思い出』という名前をつけました」

さらに調理法を詳しく聞くと、萩さんはこう語った。

「一夜干しは漁師に聞いて同じ方法で干しても同じ味になりませんでした。なぜならこの店は内陸部ゆえに『海風に当たっていないから』です。だからこの一夜干しは漁師につくってもらいました」

「カレイの下にはやはりいわき産のカブをオリーブオイルでソテーしたものを添えました。塩は雪塩。ブロッコリーにはいわき産の塩。12種類の塩を食材に合わせて使い分けています」

そしてこうも言う。

「私はいわきの海と畑の食材を『繋げたい』のです。両者の思いを一皿にして表現してみました」

海と山の食材を合わせるのは、両者が接近しているといういわきの地の利を生かした発想なのだろう。確かにこの料理を食べてみると、ヤナギガレイからは磯の香がして香ばしいし、トマトの出汁と調和している。

萩さんの店には冬にも訪ねてみたが、その料理は、いずれもいわきの食材の魅力を十二分に引き出したものだった。ソースと塩分を極限まで控え、どちらかといえば「引き算」の世界に仕立てあげている。

地元在来種のノリマメ、サトマメ、アオバタマメにトマトのエキスを添えた一皿。これらの豆は生産者が少ないから、農家を回って苦労して集めたという。このトマトは白石さんの畑のものだ。トマトエキスの旨味の中で、豆類の爽やかな冬の味覚が感じられる。

次は、やはり在来種のオクイモを使ったピューレ。小さなガラス瓶に入れていて、蓋を開けると燻製《くんせい》にされた養殖マスの香が立ち上る。ほっこりした芋の味に、地元のブドウの木を使った燻製の味がインパクトになっている。

さらに、真鯛に地元産の春菊や二十日《はつか》大根を合わせた一品。この野菜の生産者の畑は、震災と原発事故のあと、除染のために表土を剥がされてしまったという。そのために野菜の味が変わってしまって、４年がかりで味を戻した。萩さんもフランスからイースト菌の肥料を取り寄せて、生産者とともに土の改良に取り組んだ。その成果が出て、春菊はえぐみがなくて深い味わいだ。いずれも、私たちがレストランに到着する数時間前に畑からとってきてくれた新鮮な野菜たちだった。

オカゴボウのフライにカリンのコンフィチュール、そこにフォアグラのソテーが添えられた一品もあった。

「フォアグラはソースのつもりで食べてください」と萩さんが言う。あくまでも萩さんの中ではいわき産の野菜が主役であり、フォアグラのような輸入食材はむしろバイプレーヤーなのだ。

その考え方は、福島産のホワイトアスパラと、仲間が宮城で放牧を始めた豚肉の料理でも同じだった。

「どちらかといえば、ホワイトアスパラをメインに考えています。震災後、私の人生を変えてくれたのは地元の野菜農家なので、いわきや、福島の野菜をメインに考えたいのです」

確かに一皿一皿に使われる野菜たちは、しっかりした深い味わいだ。食事の途中で白石さんの畑からとってきたばかりの冬採れのキャベツも味見したが、ことに根元近くの茎の部分は、たったいま土から生まれてきた生き物のようだ。

萩さんがここまでいうわきの野菜とはどんな魅力があるのか。どうやってつくられているのか。食事のあと、今度は萩さんを伴って白石さんの畑を訪ねることにした。

畑の野菜が一番美味しい

車で約20分ほど走ると、川沿いの低地に白石さんの畑が広がっていた。

「ここは約40年前まで養鶏場の糞の捨て場でした。その堆肥を鋤込んでつくった土地なので、十分に養分が染み込んでいます。それに湧水地帯で時折大水が出ますから、昔から肥沃な土地です。だから化学肥料や農薬は一切使っていません。別に自然農法を目指したわけではありませんが、この土地には化学肥料や農薬は必要ないと判断したのでそうしています」

約80アールあるという畑を眺めながら、白石さんが語る。

その脇で、萩さんは畑になっているトマトやキャベツ等をもぎ取りながら、土をぬぐっただけでむしゃむしゃ齧っている。

「ここの野菜はどれもスーパーで売っているものと全然味が違います。絶品です」

今度は萩さんが、白石さんの生産物を味見して評価している。二人の固い絆と厚い信頼関係はこれで納得できた。

聞けば白石さんの実家はこの地で代々続く庄屋の家系で、震災前までは江戸時代につくられた蔵があったという。集落の一番奥に白石さんの家があり、周囲は白石姓が多いという。

白石さんはその8代目。父親の代までは、化学肥料を使って野菜を栽培していた。当時にあってはそれが当然であり、化学肥料を使わないと生産物は育たないと信じられていたのだ。ところが父親は、「俺はこの地の農業しか知らない。お前は外に出て最先端の農業を勉強してこい」とアドバイスしてくれた。白石さんは農業高校時代にアメリカ・アイオワ州への短期留学も経験している。

「いろいろ勉強して、生産物のために化学肥料を使って土をつくるのではなく、土に合った野菜をつくればいいんだと発想を変えました。化学肥料や農薬だけでなく、水も雨水以外は与えません。水を与えると野菜が水をもらえるものと思って生育のスピードも味の濃さも変わってしまいます。同じ畑でも、場所によって土の癖が違います。私はそれを見分けながら、その土に適した生産物を植えています。キャベツも土地が痩せていると小粒になって、小さいなりの味わいがでてくるものです。冬にとれるキャベツは、この地方独特の寒風に吹かれて、肉でいうドライエイジングのようになって味が濃いです」

驚くことに、白石さんは他の生産者に比べて生産物の収穫がなるべく遅くなるように栽培しているという。「化学肥料を与えて早くつくるのは簡単でも、化学肥料を使わないでゆっくり育てるほうが難しい」と語る。なぜそうしているのだろう。

「そのほうが断然美味しいからです。他の生産者の旬が終わったころに出荷すると、こんなに美味しい野菜があったのかと喜んでもらえます。ここは雪もあまり降らないから、ゆっくり栽培するようにしています」

これまで農業の生産者は、化学肥料や農薬を使ってなるべく早く生育させていち早く市場に出すことを至上命題としてきた。そのほうが価格が高いからだ。ところが白石さんは、それとは真逆の農法を、２０１１年の震災前から続けてきたという。

出荷ルートも、農協とのつきあいも大切にしつつも父親の代から徐々に直販に切り換えているという。

そんな大胆な発想の農業だったからこそ、萩さんとのコンビは強固なのだろう。

二人はその出会いをこう語った。

娘がトマトを齧った瞬間から

「震災後、店にはお客さんも全くこなくなりました。それまで当たり前に使っていたいわき産の食材も放射能の線量の影響で使えなくなったし、もう店を畳もうかと思って悶々としていました」

萩さんが語る。

「ところが生産者と異業種の人が交流する会に誘われて白石さんに出会い、トラックの荷台にあったトマトを齧ったらすごく美味しかったんです。実は我が家の当時7歳の娘はスーパーの野菜が食べられなくて、妻は私の料理が不味《まず》いからかしらと泣いていたのです。その娘も白石さんのトマトはがぶりと齧った。これは食材の力だと感じて、時間もあったので白石さんの畑を手伝うようになりました」

萩さんがそこで驚いたのは、畑で齧る野菜の美味しさだった。さらに、その素材を生かした農家のおばちゃんたちがつくる煮物料理なども絶妙に美味しかった。

——私が料理する野菜の味よりも美味しい。いままで私は何をやっていたのだろう。

それが料理人としての大きな転機になった。

それまで萩さんの店は、彼が勉強したリヨンの中心広場の名前をとった「ベルクール」というビストロ風のフランス料理店だった。ビストロといいながらも開店当初のランチの人気メニューはオムレツやハンバーグ。客単価は1500円程度で、一日に200人ものお客様がやってくる、いわきの人たちに馴染みやすい大衆料理店だったのだ。もちろん調理場にも表にも、何人ものスタッフを雇っていた。萩さんが振り返る。

「もちろん震災前から『地産地消』を意識していました。なんとか生産者と仲よくなりたい、家にあげてもらえるような関係になりたいと畑に通ったこともありました。ところが料理自体が学校で習ったクラシックな料理の延長で、肉や魚がメイン素材で野菜は付け合わせという考えだったのです」

そのころのことを振り返ると、萩さんには痛い思い出がある。いわき市内に住む萩さんの母親は農家の出身。その母親に自分の料理を食べさせると「野菜が美味しくない」と言われた。昔の野菜はこんな味ではなかった。本当に美味しい野菜の味は全然違う。畑に行きなさいと言われ続けていた。

あるいは生産者のもとを訪ねても、萩さんの心のどこかには「怖い」という思いもあったという。農業用語がわからないから言葉が通じない。だから会話が噛み合わない。萩さん自身、有機肥料と化学肥料の違いもわからないような状態だったから、「地産地消」も絵に描いた餅だったのだ。

ところが震災直後、白石さんと出会うことで大きな転機があった。歳も近く（震災当時萩さん35歳、白石さん32歳）、食材に対する考え方も同じ方向を向いていて、何よりも「震災」と「放射能の影響」という共通の大きな課題を抱えていただけにすぐに打ち解けることができた。毎晩のように携帯電話で食材や料理のことを語り合い、月の利用料が４万円を越えるようなこともあった。

ある日、白石さんの畑で萩さんが言った。

「このネギは捨ててしまうんですか？　だったらドレッシングにしてみませんか？」

目の前では、放射能の風評被害の影響で出荷できないネギに葱坊主ができていた。これでは商品価値はない。

「そんなことができるなら、やってみましょう」

白石さんがそう答えて、二人のドレッシングづくりが始まった。

生きてきた震災前の体験

実は萩さんは、地元に戻ってレストランを開業する前に、1年間コンビニエンスチェーンの関連会社で商品開発をしていた時期がある。辻調理師専門学校のフランス校を卒業し（その中には半年間のフランスのレストランでの研修も含まれる）、東京の有名レストランで1年間の修業を経験。ふるさとに帰って開業する前に、企業で働く社会人としての経験も積んでおこうと思ったのだ。そこは、毎日2万食の弁当をつくるような大規模な食品工場だった。

「私はそこで社員としてさまざまな商品開発に当たりました。毎日1万食をつくるオートメーション機械を企画したり、稟議書も書いたし会議も経験した。そういう中で、ドレッシングによって売れ行きが変わるという経験をしていたのです」

一方白石さんは、前述したように震災前から徹底的に生産物の味にこだわり、直販ルートを開拓する先進的な農家だった。とはいえ、萩さんのように生産物に素直に感動してくれる料理人との出会いはなかった。畑で食べている野菜の味に負けない、野菜を主人公とする料理をつくる料理人と出会ったのは、萩さんが初めてだったのだ。白石さんはこう語る。

「それまでは直販とはいえ相手は大手スーパーやレストランチェーンですから、生産物の味の評価や感想が返ってくるわけではありませんでした。つくって販売して終わりという感じです。それがフランス料理の萩さんと出会って、ガラリと変わったのです」

白石さんの畑に余っていた膨大なネギを調理場に持ってきて、萩さんはネギドレッシングを試作してみた。できあがったドレッシングを白石さんが一口舐める。美味しい。これならいけそうだ。けれど、まだ何か物足りないものがあった。

「ネギをローストしてみたらどうでしょう。固くなっているから、一度焼けば香ばしくなるんじゃないかな?」

白石さんのアイディアに萩さんは素直にうなずき、真っ黒にローストしてからミンチしてドレッシングをつくった。

「美味しい！　前よりずいぶん香ばしく甘くなった！」

二人が同時にそう叫んだとき、このコラボレーションは産声を上げた。同時に被災した畑から震災後初めて生産物が誕生した。以降二人は互いの間にあった壁を取り払い、生産物を中心としてダイレクトな交流を重ねていくことになる。

萩さんは、料理の中心を肉や魚ではなく、白石さんをはじめとする地元の生産者がつくる野菜をメインにするようになった。さらに営業を終えてから、二人は深夜にかけてドレッシングやピューレといった加工品をつくって販売もしている。トマトの生産者と組んで、地元トマトの生産現場を見てもらい味わってもらう「とまとランドいわき」の経営にも協力している。そのレストランのシェフとして萩さんは後輩を送り込み、地元のトマトの美味しい料理の研究にも余念がない。

二人の視線の先にあるのは、「地元いわきの復興」「いわきの生産物を広めること」。萩さんにしてみれば、「料理によって生産者と消費者と地域を繋ぐこと」が使命になったのだ。

この例をみてもわかるのだが、東北の被災地の復興を見ていると、震災後に何をしたかということも大切だが、むしろ震災前にどんなことを考え行動していたかが大きく問われていることに気づく。

萩さんがフランス校から都内の料理店へ、そしてコンビニエンス会社での商品開発を経て自分の店を出した足どりには、独特のプロセスがある。つまり料理人として大成するために、直線的に進むのではなくわざとジグザグとしたコースをたどって、将来必要となる「技術＝単位」を取得していたわけだ。私はそれを、自分で課題を見つけて自分で学ぶ「自分大学」と呼びたいと思う。

白石さんもまた、震災前から既成の生産者とは一線を画す「強い意思」を持った生産者だった。いま彼の生産物には「夜露死苦《ヨロシク》」というラベルが貼られている。まるで暴走族のメッセージのようだが、そこには被災地の生産者ゆえのメッセージが込められている。

「野菜は露に当たりながら夜育ちます。まさに『夜菜』なのです。そしていわきの生産者は、震災と放射能被害によって全否定されて一度『死』を迎えたし『苦しみ』を味わった。落ちるところまで落ちたんです。でも、ボランティアの方を中心に多くの方に支えられながら復活してきました。そのことを忘れまいと思ってつけています」

したたかでしなやか。この「夜露死苦」に込められたユーモアに彼らの頼もしさを感じた。

「一日一組」のレストランの誕生

萩さんが、震災前にやっていたビストロを「一日一組」の高級ガストロノミー・レストランに変えたのにもわけがある。震災直後のこと。ようやく店を再開すると、震災前に予約を入れていたお客様がやってきてくれた。そのとき、

「震災は大変でしたね。大丈夫でしたか？」

真っ先にそう声をかけたのは、萩さんではなくお客様のほうだったという。自分から先にお客様を思いやれなかったことが、萩さんには痛い記憶になった。

「あのときは自分が恥ずかしくなりました。料理をつくってお金をいただくことが当たり前

と思っている自分がいた。本来はお客様が私たちを生かしてくれているのに。そういう気持ちを忘れていたことが恥ずかしくなって、これからは商売も重要だけれど、一日一組のお客様のためにできる限りのことをしたいと妻と話しました。妻もこれには大賛成で、『これでやっとやりたいことができる』とわくわくしていました」

それだけではない。萩さんにとっては、震災後に出会った白石さんを中心とするさまざまな生産者との「繋がり」も大きかった。

「震災前も、地元の野菜を使っていて、生産者がお店に見えたときには『これがあなたが育てた野菜を使った料理です』と言って出していました。けれど『美味しかった』と言ってくれるものの、本当に満足している顔には見えなかった。当時は肉や魚の付け合わせだったし、ピューレにしたりして、形も食感も違うものにしていましたから。でも震災後、白石さんの畑で味わった野菜の味に感動して農業のことも勉強したし食材のことも学びました。畑の野菜の味に負けない料理を考えていったら、つくる料理がガラリと変わりました。それまでは調理師学校や修業先で習った料理をなぞっていたのですが、いまは新鮮な食材を前にして、苦心しながらもこの日この食材を最も美味しく味わう『いわきの料理』を編み出そうとしてがんばっています。そういう料理を生み出すためには、大勢のお客さんを対象に大量仕込みをしていたら無理なんです。一日一組なら、その朝畑からとってきた野菜を食べていただく直前に調理して、最も美味しい状態で提供することができます。そういう意味もありました」

生産者が丹精込めた野菜を主人公にした料理をつくって提供すると、生産者は本当に素晴らしい笑顔で「美味しかった」と言ってくれる。

「その目を見ればありがとうの本気度がわかる」という萩さんは、生産者が納得してくれる野菜料理をつくるために、日によっては早朝4時から畑を回って「その日に最も美味しい野菜」を仕入れてくる。

もちろん、料理を考えるときはお客様の嗜好やその席の目的（誕生会なのかお祝い会なのかプロポーズなのか、等）にも合わせる。リピーターのお客様には、より多彩ないわきの食材を味わってもらうために、メニューの重複を避けることは当然のことだ。

素晴らしい食材を提供してくれる生産者のために。自分の料理を味わうために遠くからも足を運んでくれるお客様のために。一組のお客様に全身全霊をかけるスタイルは、萩さん自身が見つけた料理人の理想といっていい。

地方の料理人の使命

こうしてみると、萩さんの最大の「強み」は、確かな技術力と素直さ、感受性にあると思う。本来は不器用なタイプかもしれないが、素晴らしい生産者と出会った感動や子どもが食べられた野菜との出合いに素直に、「自分が変わることを怖がらない」。

萩さんの料理自体は技法的に特に目新しいものではない。ある意味で、現在の料理界では新しい技術で新しい料理を生み出すのには限界がある。むしろ萩さんのように、素直な心で技術が向かうべき独自のテーマを見つけ、それによって料理人として自分なりの新しいクリエイションを起こすほうが魅力的かもしれない。萩さんの見つけたテーマは、故郷（地域）を愛し、地域の食材の魅力を発信することになったのだ。

前の章でも書いたが、一軒の素晴らしいレストランの誕生は地域に新しい目標をもたらす。いわき市においては萩さんの店がそのような存在になり、白石さんたち生産者と連携しながら新しいムーブメントを起こしている。

一日一組の現在の形態に変えて以来、萩さんは店名を「Ｈａｇｉフランス料理店」に変えた。いわきの、福島の食材の魅力を伝えていくことが自分の使命という思いからだ。いままでは地元客が7割を占め、地元のお客様に愛されている。地域を活性化するためには、このことが大切だ。地域に愛される店であり料理であることが、都心の美食家たちを刺激してその足を運ばせる。地域と食文化の最大の「繋がり」になる可能性を示している。

これからの萩さんには、料理人の仲間をより一層広げ、彼に続く若手の育成にも取り組んでほしい。そうすることで、もっと大きな使命が萩さんに宿り、その発信力はもっと強まっていく。前章で書いたミシェル・ブラスやレジス・マルコンのように、もっともっと有名になっていい。萩さんの店の評判でいわきに国内外から大勢のお客様が来るような、そういう存在になってほしい。

それこそが、彼の料理の研鑽にも繋がる。「生産者と消費者と地域を繋ぐ」料理人の、地方における一つの成功モデルになるはずだ。

第二章

生産者と消費者を「かき混ぜる」力

「東北食べる通信」というメディア

ジーパンの男

――料理人は仕事の半分しかしていないんじゃないか?

ある日のこと、大阪にある辻調理師専門学校の教室にジーパンとサンダル姿でキャリーバッグを引いて現れた男性が、演壇に立って挑発的にこう語り出した。

「この学校は日本中に料理人を輩出している凄い学校だと聞いていますが、いま日本にいる料理人たちは、その使命を全うしているのでしょうか? 私は半分しかしていないのではないかと思っています」

この日教室に座っていたのは、当校のフランス料理、イタリア料理、中国料理、日本料理の教員だった。一様に、男性の言葉に怪訝《けげん》そうな表情をつくっている。

にこやかな笑みを浮かべながらも、弁舌爽やかに料理の世界に生きる私たちに耳痛い話を始めたのは、2013年の夏に創刊された新しいメディア「東北食べる通信」の編集長・高橋博之さんだった。この日、データを駆使しながら、農業や漁業といった第一次産業の生産現場のエピソードをいろいろに交えた彼の話は、私には十分に刺激的だった。話はこう続いた。

「確かに各地の料理人たちは美味しい料理をお客様に提供するという使命は全うされているはずです。けれど、その前提となる食材を提供してくれる生産者たちのことを、料理界のみなさんは自分の問題として考えているでしょうか。他人事《ひとごと》に思っているのではないですか？」

なぜならば、日本の漁業は最盛期には３００万人いた漁師がいまは18万人に激減している。農業は約２２７万人が従事しているが、毎年３万人が高齢等を理由に棄農しているとされる。残っている人たちもほとんどが高齢で、年金漁師、年金農家ばかり。日本の第一次産業は壊滅寸前だ。食べることは生きることなのだから、10年後の日本人の命を考えたら、私たち国民が総力戦で第一次産業を支えなければならないはず。なぜ料理人はその先頭に立たないのか――と言うのだ。

これは国家的な課題であることは間違いない。けれど私たちは、これまでの日本料理界の先達たちも生産者と深く関わり、季節ごとの生産物を正当に評価して適価を支払うことで生産現場と生産物の品質を維持する活動を続けてきたことを知っている。料理人たちは第一次産業の疲弊をけっして黙って見過ごしてきたわけではない。

とはいえマクロの視点から見た場合、このまま食料自給率が下がり国産の生産物が十分に供給されなくなったら、ごく一部の富裕層を除けばみな海外からの輸入品に頼らざるを得なくなる。そうなったら、食料の量的な問題だけでなく、「安全」も保たれない。

では、高橋さんはこの状況をどうやって変えようというのだろうか？　高橋さんの視線は、むしろ「消費者の意識改革」に向かっている。

「いままで私たち消費者は、国産の食材を使った500円の弁当と輸入食材を使った270円の弁当があったら、270円のほうを選んでいました。企業や生産者は500円の国産品をなんとか300円まで安くできないかという、無理難題に直面していました。けれどそれでは難しいことがわかっています。その努力は限界なんです。私はむしろ、消費者の意識を変えないと駄目だと思ったのです」

高橋さんが企画した「東北食べる通信」は、毎月1回、東北の生産現場の物語と生産物を都市の消費者に届ける新しいタイプのメディアだ。そこには、通常の宅配サービスや産直業者とは違う仕掛けが施されている。

まず、提供される生産物は1カ月に一つだけ。誌面はカタログではない。しかもD4タブロイド判16ページの雑誌には、高橋さんたちスタッフが「これぞ!」と選んだ気骨のある生産者の生き方、哲学、生産物の歴史、地元で伝わる美味しい料理法等が書かれている。読者はまずその物語を読み、その後生産物を味わう。つまり生産物は「おまけ」の位置づけなのだ。

さらに、食べたあとで生産者と読者はフェイスブック内のグループの中で繋がり、そこでさまざまなコミュニケーションが始まる。

その趣旨は、「第一次産業をコミュニティ産業にすること」。つまり、物語を通して生産者と消費者を「繋ぎ」、さらに食べたあとにもフェイスブックで生産者と消費者を「繋げて」、そこにコミュニティをつくることに目的がある。

たとえばある月は、都市の消費者は、宅配便で送られてきた産地直送の2メートルにもなるワカメと格闘しながら調理して、大自然の息吹もろともその美味しさを味わった。

その後フェイスブックでこのワカメをとってきた漁師との会話が始まる。

「うちではこうして料理したら美味しかったです」「それはよかった。次回はこうするともっと美味しいですよ」「2メートルのワカメなんて初めて見ました。海の中ではこういうスケールの生物なんですね」「私も2メートルのワカメを出荷するのは初めてでした。まるで私の作品のように感じました」等々、コミュニケーションが深まっていく。

そうやっていくと、消費者たちは「安いほうがいい」「食べやすく切ってあるほうがいい」といったそれまでの固定観念に縛られた意識がガラリと変わり、「〇〇さんがとってくれたこのワカメは凄い、感動した」「次が天候不順で収穫できるか心配」といった具合に、生産者を身近に感じそのファンになっていく。

生産者の側もまた「これまでは食べてくれる方の顔が見えず孤独だったけれど、励まされた」「もっと美味しいものを収穫しようと思うようになった」と、モチベーションをあげていく。

いってみれば、生産地と都市を繋いで生産者と消費者を「かき混ぜる」こと。それがこのメディアの狙いだという。

2013年夏の発行以降、毎月1回2580円で物語と生産物が届くというシステムに、いまでは1500人もの読者がいるという。高橋さんは、「東北食べる通信」としてはこれ以上読者を増やさずに、「四国食べる通信」「東松島食べる通信」といった具合に、全国にこのシステムを広げていっている。命を扱っている以上、読者の規模が大きくなったらメディアの質が変わってしまうからという明確な理由で——。

なるほど。疲弊する生産地（生産者）と都会（消費者）を繋ぎかき混ぜるためにこういうやり方もあるのか。私には目から鱗の話となった。

県議から県知事選へ

それにしても、高橋さんはなぜこのようなメディアを発案したのか。

そこには、やはり被災地・東北の物語が詰まっている。

１９７４年、岩手県花巻市に生まれた高橋さんは、大学卒業後神奈川選出の国会議員の秘書を経て30歳で地元に帰り、県会議員に2期当選。選挙前から厳冬の期間を含めて毎日街角に「辻立ち」して有権者に東北再生のビジョンを訴えてきた。議員当選後も、毎日のように各地を回って生産者と「車座集会」を行っていたという。そこで見聞きした東北の生産者の実情に深く困惑していたところに、２０１１年3月の東日本大震災がやってきた。

沿岸部の被災地で支援活動に当たっていた高橋さんは、この年9月に行われた岩手県知事選挙に立候補した。その理由は、沿岸部に高さ14メートルもの防潮堤を建設しようという計画が進められていたからだった。

そんな計画には反対しなければ、東北の漁業は潰れてしまう――。高橋さんは選挙戦で沿岸部を約２７０キロ歩きながら、こう演説した。

「漁師たちは『森は海の恋人』と言っていました。津波のあとも、『これで海が綺麗になる』と言って、牡蠣《かき》やワカメをとっていた。実際震災後は魚介類の生育が早いんです。それは、森からの豊かな養分が海に流れ込んで日本の漁業を支えているからです。ところが、そこに防潮堤をつくったら森と海が分断されてしまう。西洋式の『自然を人間がコントロールする』という発想では東北の将来はありません」

だが結果は、16万票を獲得したものの次点で落選。以降高橋さんは「政治家の引退」を宣言し、「これからは実業でがんばる」と、生産者に寄り添う活動を始めた。いくつかの試行錯誤を経て、何人かの新しい仲間を得て辿り着いたのが、生産者と消費者を繋いでかき混ぜるコミュニティメディア、「東北食べる通信」だったのだ。

地縁・血縁を超えた新しい絆

実はこの通信の2014年1月号には、キャベツ畑で仲間と写る白いコックコートの萩さんと真っ赤なつなぎ姿の白石さんの姿もあった。高橋さんのアンテナはすでに白石さんの自然農法を鋭くキャッチしていて、その冬野菜（キャベツ、ニンジン、ブロッコリー、ニンニク）を特集して白石さんの農業に懸ける姿勢とその生産物を消費者に届けたのだ。

記事にはこう書かれている。

「(白石さんは）風評被害を乗り越えるには情報発信が必要だと痛感している。生産現場の正しい情報を全国に積極的に発信する。市の『見える化プロジェクト』にも立ち上げから参画。自分の生産現場や携わるイヴェント情報も、フェイスブックで日々、情報発信をしている。（震災被害を）誰のせいにしても仕方ない。自分に与えられた環境で自分にできることをやるだけ。だから、不平不満をこぼしたり、単なる要望もしない。行政がどうではなく、自分はどうするのか。常に課題解決の当事者たろうとしている」

さらに記事では、前の章で書いた白石さんが実践する自然農法のことを詳しく紹介し、高校時代のアメリカ留学の前後で農業に対する考え方で変わったことや、萩シェフが白石さんの生産物を使ってつくった料理が写真付きで解説されている。引用すると、

・蔵王牛と白石さんの白菜の熟成3時間ロースト

市場から買ってくる白菜は3時間だと焦げるが、白石さんの白菜は水分だけが抜けて、旨味が凝縮されて、甘い。3時間ローストに耐えうる白菜は実現不可能な味。

・白石さんのブロッコリーと岩手県産ヤリイカ

福島県産リンゴを添えて、からすみをまぶす。すべて旬の食材で、提供する直前に火を通した。白石さんのブロッコリーは蒸して食べるのが一番美味しい。変な味付けはいらない。

・白石さんの夏に収穫した完熟トマトの髄

トマトは透明な部分に味がある。一晩こして出てきたエキスを絶品のジュレに。

・白石さんのゴボウとテナガエビのラビオリ

パスタの生地で餃子のように包む、イタリア料理のフランス風。
・釜石のヤマキイチの泳ぐホタテと白石さんのニンジンの出逢い
ニンジンてこんなに美味しいのか、と感じられる、等々。

「食べる通信」に特集されて以降の変化を、白石さんはこう語る。

「『食べる通信』に特集していただいたときは、約1000人に一人一人思いを込めて手書きのメッセージと一緒に生産物を届けさせてもらいました。読者のほぼ全員がフェイスブックをやっていますから、食べたあとでコメントのやりとりが始まりました。都会の人は寝るのが遅いから夜中の12時とか1時にコメントがきます。そんな時間には私たちはとっくに寝ていますから、生産者にとってはフェイスブックなんて扱うのは面倒くさいと思うのが普通だと思います。でも私はきたらすぐに返信したいという気持ちがあって、起きて畑に出る前の早朝4時くらいに返信したりしています。そういうやりとりが嬉しくて、眠くても身体《からだ》はむしろ楽になりました。ダイレクトで畑の味方が増えている実感がある。消費者が自分の味方になってくれているんだから、それだけですごくエネルギーになります。嬉しいです」

この後「食べる通信」のスタッフと白石さんは、白石さんが上京して消費者と出会い交流するイヴェント「おかわりＬＩＶＥ！」を行ったり、希望者をバスでいわき市に連れてきて畑作業を体験したり生産者と交流したりする「バスツアー」を企画したり、さまざまに「かき混ぜる」試みを実践している。まるで特集をしたあとのこうした動きが本来の目的であるとでもいうように。

生産者と消費者が「家族」になる

さらに高橋さんたちは、「食べる通信」の設立当初からの目的だった「CSA（コミュニティ・サポーテッド・アグリカルチャ）」活動もスタートさせている。高橋さんはこう語る。

「CSAはアメリカでこの10年の間にすごく広まっている仕組みです。アメリカの新規就農者や若手生産者の多くはこの方法で農業をスタートさせています。生産者が安全な農作物をつくることを条件に、消費者は作付け前に年間の支払いをしてしまう。生産者は、経済的には安定した状態で作付けをスタートできる。消費者も、自分が信じられる生産物を安定的に手にすることができる。もちろん天候や気象条件によって収穫がいいときも悪いときもあるけれど、お互いに支え合っていこうというシステムです。生産者と消費者が上下関係でなく五分の関係、いわば共同体という関係をつくれるのがCSAのいいところだと思います」

白石さんは、2014年の4月からこのCSAをスタートさせた。年に3回収穫物が届くコースと6回届くコースがある。送られてくるのは「夏野菜」セット、「冬野菜」セット、「早苗饗（田植えを終えたお祝い）」セットなど。会員になると、なんといわき市の畑を見学（畑作経験）に来るため用に東京―いわき間の高速バスのチケットも送られてくるという。

そのことを告げるホームページに、白石さんは書いている。

「うちの野菜を買ってくれる人を、お客さんだと思ったことはない。同じ野菜を食べて命をつないでいる〝ファミリー〟だから。」

白石さんは、ＣＳＡを「親戚関係」と読み換えているのだ。

高橋さんも語る。

「もともとファミリーの語源はラテン語のファミリアですが、その意味は家族以外に『ファーマー＝農民』の意味もあるそうです。つまり耕す人と食べる人は同じラテン語のファミリアからきている。大昔、耕す人と食べる人を『ファミリア＝家族』と呼んでいた時代があったということなんです」

つまり「東北食べる通信」は、「食」を媒介にして地方の生産者と都会の消費者を「家族」にする媒体でもあるということなのだ。

故郷をなくした都会人たちよ！

生産者と消費者の関係に関して、辻調理師専門学校での教職員向けの講演で、高橋さんはさらにこうも語った。

「いま2040年問題が語られています。最近全国の自治体で消滅するところが半数あるという衝撃的なレポートが発表されました。日本中の農村漁村はあと数十年でそのほとんどがなくなる危機です。単に人口が減るだけでなく、行政サービスが行き渡らなくなると、若い子育て世代が出ていってしまう。そうやって日本の故郷が消滅していくわけです。

もっと深刻なのは東京、大阪といった大都市です。いま東京の団地だと1カ月に何人もが孤独死しているといわれていますが、都会の人たちには帰る故郷がなくなっている。東京の大学で講演したときに学生たちに聞いたら、ほとんどが首都圏の生まれでした。そういう男女が結婚したら、故郷がない。帰るところがない。もし首都直下型地震が来たらどうしますか？　食うや食わずで帰る故郷もなかったら、餓死するしかありません。孤独死の問題も同様です。これは深刻な状況だと思っています」

高橋さんは、これまで語られてきた「限界集落になった地方を都市がどう支えるか」という視点を、「限界都市になった都心住民を地方がどう支えるか」という議論に変えていかなければならないという。そして「東北食べる通信」の活動は、都市の消費者にとって「故郷づくり」の場でもあるというのだ。

「何かあったときに帰れば食うに困らない場所。夏休みだけでも子どもを送り込める田舎。観光ではなく、行けば地元の人間と触れ合える場所。そういう場所が都市の住民にはこれからますます必要です。それは観光でもなく移住でもない。養老孟司さんは『参勤交代』と言っていますが、1年に一定期間過ごせる場所を持っておくこと。そういう故郷探しを『食べる通信』でできたらいいと思っています。そうすることで、地方の消滅も防げる可能性が出てくるはずです」

彼のこの見立てにはとても説得力がある。地方の問題をむしろ都会の問題として捉えることで、国民全体が他人事ではない問題として実感できるのだ。

農業、生産者を見直す契機に

高橋さんの話は、私には刺激的だった。いままで気にはなっていたが、どこから手を着けていいかわからなかった問題を考える切り口になった。この話は、一般の料理人にとっても、社会と料理の関係を深く考えるきっかけになるはずだ。

冒頭の高橋さんの話にあった、減少しつつある生産者の問題について、私が特に意識していたのはガストロノミーの世界における生産者と料理人の関係だった。

昔から、京都、大阪、東京の日本料理の名店においては、各地方の生産者との関係は強固だった。季節によって地方の山や海からは、「このときここでしかとれない旬の食材」がダイレクトに店に届けられる。それは毎年の恒例であり、ときに料理人は生産者に前金を支払って、翌年の旬の生産物を確保していた。

つまり、料理人と生産者のCSAは日本でも古くから行われていたわけだ。

第六章でも述べる青山のレストラン「NARISAWA」の成澤由浩《なりさわよしひろ》シェフは、全国津々浦々を駆けめぐって素晴らしい生産者を見つけ出し、その生産物を確保して鮮烈な料理に仕上げている。沖縄のウミヘビや長野県の里山の山菜等、従来のフランス料理では使われなかった素材にも積極的に取り組んでいる。

けれどそれらは、ごく一握りのガストロノミーの話だ。一般的には、日本の生産者はさまざまな意味で厳しい条件を背負い、疲弊していることは間違いない。多くの料理人はこのままでいいとは思っていなかったが、高橋さんが言う「当事者意識」がなかったのだ。

この「食べる通信」の取り組みは、そういう閉塞した日本の第一次産業に風穴をあけるきっかけになると思う。

生産者と消費者を「かき混ぜた」結果

「東北食べる通信」が誕生して、本書が出る2015年春で約1年10カ月となる。すでに「食べるリーグ」では、「四国食べる通信」「東松島食べる通信」「神奈川食べる通信」等が生まれ、全国に読者を増やしている。

高橋さんたちが目標とする「3年後に100の食べる通信」が全国に誕生したとすれば、会員数は延べで10万人規模になる。隔月で一人ずつ生産者を紹介したとしても、毎年600人の生産者（生産物）が紹介され、そこから次々とCSAの関係が結ばれていくことになる。

もちろんだからといって、すぐに第一次産業の問題が解決できるほど日本の状況は簡単なことではないが、高橋さんが語った「消費者の意識を変える」という目標へは、大きく近づくだろう。

その証拠に、「食べる通信」からは、さまざまな意味で「生産者と消費者をかき混ぜた結果」の感動的な事実（エピソード）が報告されている。そのことを嬉しそうに語る高橋さんの言葉を紹介しよう。

「２０１３年の９月号で青森・三陸沖でとれる鈍子《どんこ》という魚の特集を組みました。ところが冊子はできたんだけど、この年は天候不順で９月になっても鈍子が水揚げされなかった。仕方ないから編集部では次の10月号の準備にかかって、そちらのほうが先に発送されることになってしまいました。鈍子が揚がったのが11月だったので、発送が追い越されてしまったんです。普通なら読者は怒りますよ。クレームもくるでしょう。ところが日々漁の状況をフェイスブックでアップしていたら、読者の方から『明日はとれますようにと神社に行ってきました』というコメントがきた。これには漁師も喜んで『俺たちの喜びも苦しみも共有してくれる消費者がいるっていうのは嬉しいもんだな』って喜んでいた。それでもやっぱり堪《たま》りかねて、読者に謝るべぇと『ごめんなさい』と書いたら、今度は読者から『なんで謝るんですか』『待っているのも一つの愉しみなんですよ』『自然が相手だから仕方ないですよね』と、励ましのコメントが続々と１００件くらい届いたんです。これまでの単なる売り手と買い手、経済原理とは違う関係ができているなと実感しました」

「同じ年の11月には会津の伝統野菜『小菊南瓜《かぼちゃ》』を特集しました。ポルトガルから伝来して、会津で約４００年生きてきたカボチャです。ところが量をつくれないので買いたたかれて、これをつくる生産者は２名しかいなくなっていた。家族からも『金にならないのになんでこんなのつくっている』と怒られるというのです。ところが特集して生産者の思いを伝えたら、読者が勝手に動き始めて『食べ終わった種を集めて生産者に送ろう』と言い出して、種を乾かして封筒に入れてお礼の手紙とともに送ってきた。ある読者がこれをまとめて仕分けして、生産者に返したんです。生産者は喜んで、この種を地元の農業高校の子たちと一緒に植え始めた。それまでずーっと作付け面積を減らしてきたのに、次の年は3倍にしたというのです。読者から情報をもらったレストランのシェフたちが『使いたい』『どこで買えるのか』と問い合わせしてきているらしい。こういう関係が勝手に増えているのが、『食べる通信』の思わぬ副産物です」

料理人の新しい使命

このように、消費者がどんどん主体的に「食のグラウンド（現場）に降りていく」ことが高橋さんの当初からの目的だという。第二章でも述べたように、そこに料理人も加わって、生産者と消費者を繋ぎ、そこに美味しい料理という「付加価値」をつけるような関係がもっともっと生まれることを私は祈る。

さらにいえば、このような食を媒介としたコミュニティのプラットフォームがもっともっと増えるべきだろう。いま全国で行われている「B級グルメ大会」などもそうだが、魅力的な「食」があれば人が集まるのは道理だ。高橋さんはそれを、イヴェントではなくメディアとして、消費者の日常の中に持ち込んで意識を変えようとしている。

料理人は単なる消費者ではない。生産者のつくったものに新しい価値や物語を付与することができるプロフェッショナルだ。全国に視野を広げてより魅力的な生産物を見つけ、生産者の情熱や物語を皿の上に表現するという意識はこれまでもあったが、それが料理界において、より大きな潮流になることを期待したい。

「料理人は社会的使命の半分しか果たしていないのではないか」という冒頭の高橋さんの問いかけに対して、胸を張って「いや、こうやって生産者と消費者を繋げている」という料理人が多く出てくれば、日本の第一次産業の現場も変わってくる。

私たちはその仕事に取り組まなければならない。

その使命を新たに感じる出会いになった。

第二部　日本を「再発見する」力

第四章

日本の料理を「誇る」力

「日本料理は国技だ！」世界へのチャレンジ

鱧の骨切りをCTスキャンで解説した料理人

ある年のこと。ヨーロッパで行われた「世界料理学会」のステージで、医療現場で使うCTスキャンの画像をプロジェクターで映しながら、日本料理が持つ技術の素晴らしさを語り出した料理人がいた。

そこに映し出されたのは、「鱧《はも》の骨切り」の画像だった。

——魚をCTスキャンしたのか!?

驚く会場の参加者を尻目に、壇上に立った日本人料理人、山本征治《やまもとせいじ》さんはこう語り出した。

「日本料理の包丁技術の一つに、鱧の骨切りがあります。薄皮一枚残して無数にある小骨を断ち切っていく技術です。私はその技術を解明しようと思い、鱧を病院に持っていってCTスキャンで撮ってもらいました」

この段階で、客席は大喜びだ。魚を病院に持っていってCTスキャンにかけるなどという発想は、学会に参加した世界各国の料理人の誰も思いついたことがなかったはずだ。山本さんは画像を見ながらこう説明した。

「この画像を見てください。切られた骨がくだけて身の中に散っています。これは従来のやり方で切った画像です。ところが次の画像は、魚の身を25度傾けて包丁を入れたときの画像です。この違いがわかりますか？」

前者の画像では、骨は潰れて広がっている。ところが後者の画像では、切られた骨は広がらずに点になっている。

「つまり魚を傾けて骨に直角になるように包丁を当てるとこのようにより小さく綺麗に切れる。骨が潰れて広がるのではなくて、すぱっと切れている。このほうが食べたときの口当たりは滑らかになります。私は鱧の骨切りの新しい技術はここにあると思っています」

多くの拍手が山本さんを包んだのはいうまでもない。

魚の骨を皮一枚残して切るだけでも大変な技術なのに、さらに医療機器を使ってまでその細部を観察し、その技術を研ぎ澄ませていく。日本料理にはこんなに奥深い技術があるのか、日本の料理人はこんなに高いレベルまで技術を研鑽《けんさん》しているのかと、参加者は一様に深く頷いてくれたという。

２０１４年の暮れ、私がモデレーターを務めた「ソウル・オブ・ジャパン」のシンポジウムでも、山本さんは会場となった六本木の国際文化会館に詰めかけた約１００人の参加者を前に、こう語った。

「日本料理はいうまでもなく日本が持っている本物の一つ、誇るべき文化です。私は料理人になりたいと勉強を始めたときに、フランス料理や中国料理も好きでしたが、日本に本物があるからという理由で日本料理を選びました。先日某政治家の前でも話したのですが、相撲や柔道や剣道と同じように、日本料理は日本の国技です。なくなっては困るのは、誰よりも日本人のはずです。だから私は商売だけで料理人をやっているのではありません。我々の精神の誇りを皿に表現している。スタッフには、国家を背負った職人としての使命感を持って料理しなさいと日々語っています」

このときもまた、会場から深いため息とともに大きな拍手が沸き起こった。

山本さんだけではない。この日のシンポジウムでは、壇上に座ったもう一人の料理人からも、同様の言葉が語られたことも印象的だった。フランス料理のシェフで、西麻布の「レフエルヴェソンス」のエグゼクティブ・シェフの生江史伸《なまえしのぶ》さんだ。彼はこう語った。

「私にとっての料理の師はフランスの3つ星シェフ、ミシェル・ブラスですが、私自身は日本人の魂を持ちながらフランス料理をつくり続けたいと思っています。日本人のアイデンティティを持ちつつ、フランス料理に挑む。日本は一つの地方という視点です。料理界の最大の共通言語はフランス料理であり、味覚を表現する最大のプラットフォームがフランス料理だとするなら、そこに乗りながら日本の食文化を表現していきたいと思っています」

生江さんについては、第七章で詳述する。彼は、まえがきでも書いた2015年1、2月に東京日本橋にあるマンダリン・オリエンタル・東京で1カ月を越える料理フェアを実施して話題となったデンマークの世界ナンバーワンレストラン「noma」のシェフ、レネ・レゼピの信頼が厚く、フェアの約半年前からレネやそのスタッフを案内して、日本中を回りながら魅力的な食材を探し歩いた。つまり、フランス料理のシェフでありながら、誰よりも日本の食材を知る料理人の一人ということにもなる。

このように、日本料理、フランス料理といった料理の区別に関係なく、日本人であることに誇りを持ち、日本の食文化を尊敬しながら学び、この列島が生み出す食材の豊穣さに深く感謝して仕事を続ける料理人が増えてきた。そして彼らは、世界に向かって「日本の食文化は世界に誇るものだ」と堂々と胸を張って情報発信している。

そういう料理人が評価され、世界中から美食家たちが日本にやってくる。

それもまた、今日の新しい食文化のムーブメントだ。

その中心人物の一人、山本さんはどんなふうに料理界を目指し、どういうプロセスを経て現在に至ったのか。ミシュランの3つ星に輝く彼の店、六本木にある「龍吟」では、どんな日本料理が提供されているのか。

意外にも料理人としての山本さんのスタートは、日本料理の伝統に撥《は》ね返される挫折の日々だったという。

門前払いの日々

「調理師学校を卒業してこの道に入ってから、私はずっと大阪の『吉兆』さんに入りたくて、何度も何度も採用をお願いする手紙を書き続けました」

山本さんが語る。いまから約24年前のこと。１９７０年に香川に生まれ、四国の調理師学校を卒業し、地元の割烹やホテルの宴会担当として働いていた山本さんにとって、日本料理の頂点として「吉兆」があったという。

いまは亡き「吉兆」の創業者・湯木貞一さんがつくり出した料理は、茶懐石をベースにした日本料理の革新派で、私の父、辻静雄もその料理に魅了された一人だった。父はずっとフランス料理を研究していたが、あるときから「日本料理も学ばなければ駄目だ」と悟り、毎日のように大阪高麗橋《こうらいばし》の「吉兆」本店に通い始めた。店に入ると湯木さんを独占し、食事をしながらあらゆる質問をぶつけて、日本料理の奥深さを学んでいたものだ。

二人はそんな関係を通して意気投合し、76年には父が湯木さんを伴ってフランスに渡り、並み居る3つ星、2つ星店を食べ歩いて「食文化の異文化交流」をしたこともある（その旅の様子と成果は「ヨーロッパ一等旅行」として出版されている）。

私にとっても「吉兆」は重要な店で、「八寸というものは」「お椀の味わいとは」「部屋のしつらえというものは」と、日本料理の基本を叩き込まれた店でもある。

そもそも山本さんは負けず嫌いだったから、修業先は日本で一番の店といわれていた「吉兆」でないと気が済まなかったのだろう。

だがその思いは撥ね返された。

当時にあって「吉兆」には、日本中の老舗割烹や旅館の跡継ぎから、しかるべき料理人や経営者の紹介を経て修業希望が舞い込んでおり、なかなか入れる余地がなかったのだ。では山本さんはどうしたのか。

「『吉兆』出身の『味吉兆』主人・中谷文雄さんを訪ねた時、うちは難しいけれど徳島の『青柳』はどうだと言われたんです。『青柳』の小山裕久さんも『吉兆』の出身だから、そこで修業したらどうだという話でした。その帰り道、大阪難波にある料理書専門書店・波屋書房で小山さんの書いた『味の風』という料理本を見つけたんです。手にして写真を見たときに、あっいいなと思って、読みながら四国に帰りました」

その後山本さんは藁《わら》をもすがる思いで小山さんに手紙を書き、紆余曲折はあったものの、その調理場に職を得る。そこから約11年間、小山さんのもとでの修業が始まった。

それはいまから思えば必然の出会いでもあり、山本さんにとってはこの貴重な体験が彼の料理人生の原点になった。

異端と異端の出会い

当時「青柳」の小山裕久さんといえば、日本料理界にあっては異端の料理人だった。

1949年徳島に生まれ、「吉兆」で数年間の修業ののち、76年に27歳で故郷徳島で「青柳」の料理長となる。その技術もレシピも秘伝で決して他には漏らさない風潮があった当時の日本料理界にあって、小山さんは誰よりも早く料理本を出版し、その技術やレシピを公開していった。

その当時、発表された写真の八寸やお造りの盛り付けの鮮やかさは、きらりと光るものがあった。「お造りは魚の中に生きている」というのが口癖で、木彫のように、魚の身の中から掘り出すものだと言った。鮎の尻尾《しっぽ》と胴体、頭で火入れの仕方を変えた塩焼きや、鮑《あわび》や海老を脇役にして鳴門のワカメを主役にしたゼリー等、その異端ぶりと天才ぶりを語るエピソードは事欠かない。後に「婆娑羅《ばさら》」（戦国時代、身分の上下に関係なく振る舞う者を指した言葉）という店も開いたが、まさに時代の常識破りの料理人だったのだ。

このころ小山さんはしばしばフランスに出かけ、ジャパン・フェアや高級ホテルで料理の腕を披露していた。フランスで学んだものを日本に紹介し、日本料理の店にあっていち早く「プリフィックス（何品かの料理の中からお客様が選ぶコース）」を始めたのも彼だった。

山本さんはしばしばフランスに連れていってもらい、現地の料理文化を思い切り吸い込んできた。調理場でも次々と辞めていく先輩たちを尻目に、すぐに活躍するようになった。仕事が終わっても、山本さんは料理の本を読み漁り、雑誌の撮影や取材で深夜まで仕事が続いても、けっして愚痴を言わなかった。料理が好きで好きでたまらなかったから、どんなに厳しく怒られても自分が成長できるなら何でもなかったという。周囲の仲間たちからは「料理オタク」等と揶揄《やゆ》されていたが、それもまた勲章と思っていた節がある。山本さんが振り返る。

「小山さんは聞けば何でも教えてくれました。『見て盗め』なんて古いことは言いません。理路整然と明快に『言葉』で教えてくれます。私は造り場（お造りをつくる担当）が一番長かったですが、焼き場でも、炭をおこして魚を焼くという単純にして深い技を教えてもらいました。素材を切ること、焼くこと、蒸すこと、全て小山さんから習ったことは私の財産です。私は相当な料理好きだと自負していますが、小山さんはにっこり笑って『俺のほうが料理好きだ』と子どものように言い返す人でした」

「青柳」の調理場からは、その後山本さんだけでなく、「かんだ」の神田裕行さん、銀座「小十」の奥田透さんと、三人の3つ星を獲得した料理人が現れた。おそらく競争の激しい調理場だっただろう。山本さんは、「伝統」よりも「異端」の調理場を経験することで、むしろ大きく飛躍した料理人といっていいはずだ。

食材と向かい合う日本料理

――山本さんにとって日本料理の神髄とは何ですか？

改めてそう問うと、こんな答えが返ってきた。

「日本料理とは、しみじみ美味しい料理だと思います。舌だけでなく目、耳、鼻、肌等の感覚器官を総動員して五感で味わうものだし、食べ終わっても思い出すほどに美味しさが蘇るもの。そういうものを目指しています。フランス料理はソースが味覚の中心だから、食べた瞬間が美味しいですが、一本調子です。逆にたとえば日本料理のお椀は、最後の一口に向けて味覚をつくっていく。そういう違いがある。

そして、本当に大切なのは人間がつくれないものです。寿司は人間が握るけれど、魚も米も山葵《わさび》も人間にはつくれない。大自然が生み出したものです。それら食材の本当の声が聞こえるような料理が、日本料理の枠ではないでしょうか」

日本料理のことを語り出すと、山本さんはまるで子どものように無邪気になっていく。とはいえ、この「子ども」は、とてつもない技術力を持っている「神童」なのだ。

山本さんの調理場では、最新の機材や医療用の機材が使われていることでも有名だ。

たとえば「龍吟」のホームページには、ＹｏｕＴｕｂｅにアップされた山本さんの料理法が掲載されている。何分間かの音楽入りの動画で「赤肉サミット２０１２」「引き立て一番出汁への想い」「鱧と松茸の焼霜仕立て２０１１」等、山本さんのスペシャリテ（代表料理）の技法を見ることができる。

その中の一つに、「野鴨の炙《あぶ》り焼２０１２」がある。

野鴨の羽をパラフィンを使って細かな毛までむしりとり、バーナーで表面を炙ったり、液体窒素のスプレーで瞬間的に冷やしたりを交互に何回も繰り返す。高熱を当てたあとで瞬間的に冷やさないと、肉のほうまで火が通ってしまうからだ。液体窒素での冷却は、ここ10年ほどの間で料理界では珍しいものではなくなったが、いままでは新しい触感を得るためのものだった。それを下処理の過程で使うのは珍しい。

表面を炙り、急速に冷やしてはブラッシングするという工程を繰り返すのは、表面の蝋質《ろうしつ》を取り除き、同時に一切、肉に火を通さないためだ。最終的に、60度のオイルバスで40分火を通して、肉汁の流出を防ぐ。仕上げは炭火で焼き、藁の香りをつける。

「あの液体窒素のスプレーは医療器具です。クライアル・ジェットと呼ばれています」と、山本さんは涼しげに言う。

あるいは鰆《さわら》の西京漬けという、古典的で一般的な料理にも新しい「技法」を使う。

「味噌漬けにするときに、女性の網タイツを使うととても美味しくなるんです。かつては魚をガーゼに包んでその上から味噌を塗ったりしていましたが、味噌味が全く乗ってこなかったりしていました。その点網タイツはメッシュの細やかさで味噌がどれくらい入るか、いい具合にコントロールできるんです」

そうやって味噌味が染み込んだ鰆を、山本さんは炭火で焼くのではなくオイルでコンフィ(低温の油の中で火を通す)にする。すると、

「短時間、タンパク質が凝固するかしないかのギリギリの温度、53度くらいでコンフィにす

ると、一番いい状態の火入れになっています。表面だけ炭火でバチバチ焼けば、皮はカリッと焼けていて中はやわらかいという完璧な状態になります」

あるいは、秋の炊き合わせには海老芋が使われる。根菜は「騙し騙し炊く」といわれるが、山本さんはこんな手順で調理するという。

「海老芋の中心にまで完全に出汁が染み込んでしまったら、芋の味がしません。出汁は人間がつくるものだけれど、芋は自然がつくるもの。人間にはつくれないものを大切にしたいという信条通り、海老芋の中心は芋の味が残るようにしたいのです」

そのために山本さんは、皮を剥《む》いて水で表面をさらして米のとぎ汁で炊く。ゆっくりゆっくり炊き上げて、普通ならば水でさらすところを同じ温度のお湯でさらす。最後にやはり同じ温度に熱した出汁に入れて完成させる。

「芋を騙すために、最初から最後まで同じ温度で状態を管理します。つまり、一度開いた芋の毛穴が閉じないままに完成するようにする。昼間から夜の営業までの間そうやって炊き上げると、芋の外側は出汁が染み込んでいるけれど中は芋の味がする。完全に出汁を染み込ませてしまうと芋が語りたかったことが消えてしまうのですが、そうならないように、芋の声が聞こえるように調理しています」

あるいは日本料理の一つの華であるお椀についても、丁寧な仕事を実践している。

「私は日本料理とは、いかに食材の状態を管理するかにかかっていると思っています。お客様に食べていただくときの温度と香、食感や風味がポイントです。お椀は、蓋を開けた瞬間に立ち上る香りが最大のポイント。だから、お客様の口に入る2分前に鰹節を削って、空気に触れて何秒かの状態で一番出汁を引いて最高の状態で蓋をします」

「龍吟」では、お椀料理の説明をするのは料理を出す前になる。なぜならお椀を運んだらすぐに蓋を開けて、できたての出汁の香を味わってほしいからだ。このタイミングが1秒でもずれていけば、それだけ「出汁の声」が濁っていく。

そこまで食材の魅力を引き出すことにこだわって、日本料理をつきつめていく。そしてその境地をさりげなくお客様にも示している。山本さんは、豊穣なる食材の宝庫であるこの国に生まれたことに感謝しながら、食材と向き合っている。

「そもそも料理はその国の精神性や自然環境の豊かさの象徴であると思っています。だから日本料理は日本人の精神性の豊かさを表しています。たとえば私たちは、魚や家畜の命をいただいたら供養をします。道具も使いきって棄てるときは供養する。生きていたときにその命が何を語りたかったかを料理に表現して返してあげる。命をいただいて命を繋いでいく。

人にはつくれないものに向かい合ったときに、どう手をくだすのかが料理の本質だと思います」

海外出店の条件とは

山本さんは、最近香港と台湾の2カ所で「龍吟」を出店した。自分が育てた料理人を送り込み、本店と変わらないレベルの日本料理を提供しているのだが、その出店先の選び方にも独特の基準があるという。

「いろいろな国から出店のお話をいただくのですが、私が選ぶ基準はその国の食材が豊かかどうか。その国の食材だけで日本料理が表現できないとやりたくないという思いがあります」

たとえば、経済の台頭が著しいシンガポールなどからも出店の話がくるという。けれど都市国家のシンガポールでは食料の自給率は10%以下ともいわれている。市場に行くと、輸入食材が季節に関係なくいつでも手に入る。高級食材も何でも手に入るのだが、山本さんはそういうところでは日本料理の精神は伝えられないと考える。「だから私は選びません」と、きっぱりと言う。

「私がやりたいのは、自分たちの国の食材に誇りを持っている人たちに、日本料理のアプローチでもっと食材を美味しく食べてもらうことです。台湾でも香港でも現地の料理法で美味しく食べている野菜を、もっと美味しく調理して彼らにますます誇りを持ってもらいたい。極端な話、たとえばアフリカに行って、シマウマで馬刺しをつくって木の根っこで薬味をすってサバンナの真ん中で食べてもらったときに、アフリカの食材は美味いと思ってもらえたら、それが最高だと思っています」

だから山本さんは、基本的に海外の店に日本から食材を空輸することはしない。それは偽札をばらまいているに等しいとまで言う。日本の食材でしか日本料理はできないというのは、日本人の驕《おご》り高ぶりだ。現地の季節ごとの食材を学び、季節の歳時やお祭り、伝統を学びながらその国ならではの日本料理を生み出すこと。絶対にその国の本物の料理だといわしめること。店を任せた料理長には、そのことを使命として課しているという。

だからこそ、日本での自身の使命も重いと考えている。

「日本に来る海外からの観光客は1000万人を越えましたが、多くの観光客は観光地に行くよりも先に目的のレストランに足を運んでいます。私の店でも、夜9時からの2回転目はほとんどが外国人観光客です。彼らにとっては、目指すレストランこそがいわば『観光地』

であり、日本そのものなのです。私の店の料理は、彼らにとってはそのまま日本の印象や思い出となります。だから私の料理には、秋の京都の紅葉や春の桜と同じ重さの責任があると思っています」

山本さんはこの話を政府関係者の前でもして、もっと行政的にも日本の食文化を世界に発信するための援助や制度改革をしてほしいと訴えたという。日本の観光は、こうした熱い思いを持った料理人の具体的な努力で支えられていることは間違いない。もっともっと多くの人に知ってもらってもいいはずだ。

ガストロ・ディプロマシーという発想

最近世界各国では、ガストロ・ディプロマシー（美食外交）という活動が活発になっている。自国の食文化を戦略的に世界発信して文化的なポジションをあげ、一次産品の輸出や食文化の輸出に繋げようという政策だ。

たとえばタイでは、２００２年から13年までに世界中にタイ料理の店が１万軒を越えるようにプロモーションを行ってきた。韓国でも、２００７年から17年の10年間で、世界の韓国料理店が４万軒になるようなプロモーションが行われている。北欧各国は、ここ数十年観光客誘致のために食文化のレベルアップを図り、たとえばボキューズ・ドールというフランス料理の世界大会の代表者には、国が予算を出して技術研鑽させている。各国の予選を通って出場が決まると、練習のための食材費等だけで1000万円単位の経費がかかるといわれているから、国からの支援があるのとないのとでは結果は異なる。北欧諸国が常に上位入賞するようになったのは、そういう下地があるのだ。

翻って日本はどうだろう。かつて世界の中での日本の食文化を守るために、日本食のレストランに対して、「正当な日本料理かどうか」を審査しようとする動きがあった。「寿司」を看板に掲げていても、寿司を握れる職人がいなかったり、奇天烈な巻き寿司を出したりしている店は「日本料理の店」とは認定しないという制度だった。だがこのときは各国から「寿司ポリス」と揶揄されて、結果が出ないまま終了してしまった。

どうしても日本人の発想は、加点方式ではなくて減点方式で、国家政策として戦略的に前向きな対応がとれないという弱点がある。山本さんが語るように、「日本料理は国技だ」と位置づけて、それに対して積極的なプロモーションを仕掛けていくこと。それこそが国家的な課題であり、山本さんのような存在は、いまはまさにその希望の星といえる。

次の章では、そのボキューズ・ドールにおいて、日本史上初めて3位の表彰台に立った料理人を生んだ企業の経営者を紹介したい。その快挙の陰には、「日本の魅力を再発見する」という、不断の努力があることも見逃せない点だ。

第五章

日本の文化を「見せる」力

「食」文化観光を盛り上げる

日本でしかできないフランス料理を

「は・ま・だ、は・ま・だ、は・ま・だぁー」

その日、フランスでも食の都と呼ばれるリヨン郊外の巨大なコンベンションセンターでは、時ならぬ日本語での大声援が沸き起こっていた。揃いの青い法被に白い鉢巻き姿の約80人の大応援団は、アリーナにつくられたキッチンスタジオで必死な表情で調理する一人の料理人を凝視している。応援席には、大きな波が描かれた大漁旗や「必勝　浜田統之」と書かれた旗も掲げられている。

2013年1月29日と30日の2日間。会場では「フランス料理のワールドカップ」と呼ばれる「第14回ボキューズ・ドール国際料理コンクール」が開かれていた。

世界60カ国の料理チームが参加するこの大会に、日本予選、アジア予選を経て日本代表としてこの大会に臨んでいたのは、星野リゾート・軽井沢ホテルブレストンコートの総料理長、浜田統之《はまだのりゆき》さん（当時37歳）だった。

シェフとコミと呼ばれるアシスタントの二人が一組になって、肉料理、魚料理を5時間35分の制限時間内に14人前ずつ調理する。その得点は、魚、肉それぞれ12人・計24人の審査員によって、「味覚40点」「プレゼンテーション20点」「オリジナリティ（その国らしさ）20点」

「調理審査（無駄を出さない、清潔さ、チームワーク、レシピ各5点）20点」の100点満点で審査される。

30日14時50分過ぎ。全チームの最後に調理を始めた日本チームの、魚料理のタイムアップが迫ってきた。会場のボルテージは否応なく高まる。応援席も全員必死の表情だ。

浜田さんの調理が終わり、完成した皿がプレス席を回り始めると、各国から集まった料理ジャーナリストから思わずため息が漏れた。

「ほーっ」

魚料理の課題の食材は、フランス産のヒラメとヨーロピアン・ブルーのオマール海老だった。さらに3種類の付け合わせは、1種類は自国特有の食材を使い、残りの2種類は大会前日に会場内に特設された「五大陸の市場（マルシェ）」から食材を調達して、その場でレシピを発表しないといけないというルールだ。

浜田さんの料理は、四角い木箱の中に盛られていた。蓋を開けるとふわっと白い湯気が出た。しかも同時に、柚子の香りが会場中に広まった。会場中から漏れた「ほーっ」というため息は、視覚だけでなく嗅覚も刺激したそのアイディアに対する驚きだった。

「BENTO」

浜田さんは日本独特の食文化である「弁当」をコンセプトに、木箱の底に仕込んだ発熱体に柚子のエッセンスを含めたお湯をかけて湯気を立ち上らせた。付け合わせとしては海苔、紫蘇《しそ》、レンコン、大根等を使い、「日本風味」が味わえる内容にした。さらに、木箱も皿もナイフ、フォークといったカトラリーも全て日本製のものを使い、審査員席には箸も配った。料理を食べる審査員の手元が会場内の大きなモニターに映されたとき、箸を使うアップの画像が流れると、再び「ほーっ」というため息が漏れたものだ。「フランス料理のワールドカップ」で箸が使われたということは、さしずめサッカーの試合で「着流し姿の選手」がプレイしたということにもなろうか。

いってみれば「オール・ジャパン」のスタイルでボキューズ・ドールに臨んだ浜田さんだが、それは大会用の特別なものではなかった。その姿勢は、日頃のホテルでの料理にも表れている。

キャビア、フォアグラを一切使わないフランス料理店

浜田さんが日頃腕を振るうのは、軽井沢にあるホテルブレストンコート内にあるメインダイニング「ユカワタン」だ。国内外に多くのリゾート施設を持つ星野リゾートの運営するホ

テルで、レストランはたった24席しかなく、営業は夜のみ、1万5000円と1万8000円の2コースのみという内容だ。

浜田さんはインタビューに答えて、自分の料理哲学をこう語っている。

「日本の食材を使ったフレンチを、日本から発信していきたいと思っています。輸入食材に頼ることなく、この土地の食材の素晴らしさを料理を通して伝えたいのです」

その料理は、「水のジビエ」というコンセプトから生まれてくる。

近くを流れる湯川。そこにフランス語の時間＝tempsを加えた店名は、「湯川で過ごすゆったりした時」、あるいは「湯川の四季」を意味しているのだろうか。

食材として使われるのは、清流に棲む川魚や深い野山を駆けめぐる猪、鹿、そして山鳥などの信州のジビエ、そして信州新町特産のサフォーク種の仔羊。さらに北アルプスや南アルプス、八ヶ岳、浅間山等の雪解け水で育成された瑞々しい野菜類と信州特産の乳製品や豊富な果物類が贅沢に使われる。世界中のフランス料理の定番であるキャビアやフォアグラが皿に載ることは基本的にない。まさに「信州でしか食べられないいままさに旬の食材」を、最高のもてなしでいただくというレストランなのだ。

このコンセプトから生まれる、どのコースでも供される「6種のアミューズ」も絶品だ。

木の板の上に載った色とりどりの6種類の石。料理はその上にあしらわれている。「桃と若鮎のアミューズ」「そば粉のクレープロール」「トマトのガスパチョ」「佐久鯉のブーダンノワール風」「サフォーク羊のコロッケ」「ブルーチーズとクルミ味噌のシュー」。浜田さんは料理の質によって石の温度を変え、温かい料理は温かく、冷たい料理は冷たく提供する。お客様は、石を手に持つことで、その感触も楽しめる。

浜田さんは言う。

「ぼくは料理も盛り付けも自然からインスピレーションを受けています。調理場に立って考えるのは、この土地の食材の魅力を引き出したい、素晴らしさを伝えたいということだけです。フランス料理の技法に日本人の感性を加えていく。ただそれだけです」

辻調理師専門学校は、1987年の第1回から26年来、事務局としてボキューズ・ドールの国内大会の運営を任されてきた。浜田さんがボキューズ・ドールの日本代表選手に選ばれたときも、当校全体でその準備や練習、そしてフランスでの応援態勢づくり等の支援に当たった。コンクール本番の会場で必死の応援をしていた応援団の中には、辻調グループフランス校に学ぶ学生たちの姿もあった。

なぜ浜田さんがここまで徹底的に「日本」にこだわるのか。なぜ「軽井沢、信州の食材」を大切にするのか。なぜそのスタイルを貫けるのか。なぜ世界を相手にボキューズ・ドールで活躍できたのか。

そこには、星野リゾートを率いる星野佳路《よしはる》社長の「観光業に対する強い意思」が働いていると私は思う。グループ全体にその意思が徹底していることで、浜田さんは思う存分日頃からその哲学に沿った料理で腕を振るえるのだ。

星野さんの「意思」とは、どこにあるのか——。

観光業は地域の魅力探し

「私たちが手がける観光業の本質とは、その地域らしさの演出だと思っています」

東京銀座にある星野リゾートの本社ビルで、スポーツシャツにワークパンツという軽快な服装で現れた星野社長は、まずそう語り出した。

周知のように星野リゾートは、日本列島では北海道から沖縄の島まで約40ものホテルや旅館が広がり、バリ島やタヒチのランギロア島にもグループホテルが開業している。ナショナルブランドであり、国際的なリゾートビジネスを展開しているグループだ。その施設は、大きく3つのカテゴリーに分けられている。
「星のや」——圧倒的非日常感に包まれる日本発のラグジュアリーホテル
「リゾナーレ」——洗練されたデザインと豊富なアクティビティを備える西洋型リゾート
「界／KAI」——地域の魅力を再発見。心地よい和にこだわった上質な温泉旅館
これらのカテゴリーの中で、星野さんは各地で経営破綻した高級旅館やホテルを再生したり、オーナーや投資家から経営委託を受けたりして、一大リゾートグループをつくり上げた。「リゾートの達人」というキャッチフレーズの下、各地で施設を再生させ、魅力的なリゾートを運営している。

星野さん自身もまた、国際派のビジネスマンだ。

1960年、星野さんは代々旅館業を営む「星野旅館」の跡継ぎとして、軽井沢に生まれた。慶應義塾大学経済学部を卒業ののち渡米、観光業を学ぶ場としては世界的に有名なコーネル大学ホテル経営大学院に進み、ホテル経営のさまざまなノウハウを叩き込まれた。

ちなみにこのとき学んだことでのちのち最も役に立ったのは「理論の大切さ」だという。ことにダンリー教授が唱えた「組織にとってのビジョンの大切さ」は、いまも星野さんの経営理念の根幹をなしている。

それはわかりやすくいえば「ビジョンはなるべく高く、なるべく遠くを目指せ」というもの。現状の組織からは思いもよらないような大きなビジョンを掲げることが、組織には大切だという教えだった。

91年、アメリカで就職していたJAL系列のホテルから父親に日本に呼び戻された星野さんは、父親と対立して再び渡米。金融機関に就職したものの、再び父親に呼び戻されて星野リゾートの社長に就任する。だが目の前にあったのは、老朽化した旅館と資金力に乏しい経営母体だった。星野さんは当時を振り返って「観光施設として差別化するときに、お金がないから地域文化の活用しかなかった」と言う。そこにしか進むべき道はないという、ぎりぎりの選択だったはずだ。

紆余曲折を経た末、星野さんはグループとしては「リゾートの達人になる」というビジョンを打ち立てた。それまでリゾートホテルや旅館は、オーナー（企業）が「所有」して運営するものだったが、星野グループは所有することよりも、リゾート「運営」の達人になるという新しいビジョンを掲げたのだ。所有しつつ運営もするという二兎を追うのではなく、一つを完遂するために残りは捨てるという決断だ。

「社長になった当時はまだ先代から引き継いだボロボロの旅館があるだけでしたから、誰もそんなビジョンは信じていなかったと思います。絵空事だなんて言われましたが、あのときのビジョンがあったからいまがあると思っています」と語る。

世界的な観光業のアカデミズムのもとで学んだ国際派の星野さんが、いま「観光業は地域の魅力探しだ」と語る。その真意はどこにあるのだろう。

調理場の外こそ料理人のフィールド

「観光業とは、その地域の魅力をアピールして、わざわざそこまで来てもらうことです。そのためには温泉とか紅葉とか桜とか自然環境の魅力もありますが、日本の場合圧倒的に多いのは『文化観光』です。京都のお寺や街並み、全国各地の祭りといった文化にひかれて人は旅をします。その中にあって、『食文化』もまた大きなコンテンツです。だから私は、グループの料理人に対しては、『調理場の中だけが仕事場ではない。外にいるときこそ真価が問われる』と言い続けています」

星野さんは言う。社長就任時の苦境の中で選んだ「地域文化」というものが、現在の経営指針に生きている。

では、調理場の外とは何を指しているのだろう。

たとえば、沖縄の竹富島にある「星のや　竹富島」の料理長、中洲達郎《なかすたつお》さんが、かつてこう語っていたことがある。

「この島の食材、沖縄の食材でお客様に楽しんでいただきたいと思っています。そのためには、自分から沖縄の食材や生産者を探り出して、その食材の魅力を引き出すような料理を考えないといけない。お酒も、ヨーロッパのワインではなく、沖縄の泡盛が使えないか、あるいは世界中の島でつくられた、いわば島産のワインを組み合わせられないか、いろいろ試しています」

星野さんも、中洲さんの「調理場の外」の活動には着目している。

「中洲君は竹富島に着任した当初は人生の曲がり角だったようです。彼もボキューズ・ドールに挑戦したことがあって、9位という結果でショックだったはずです。でも、あの島に行っていろいろな珍しい沖縄の食材に出合い、生産者と出会うことでめきめきと活躍してくれるようになりました」

中洲さんが料理長として赴任した竹富島は、他に大きなホテルはなく、レストランも地元の小さな食堂しかない。年に数回行われる大きな祭りのときだけは大勢の観光客で賑わうが、それ以外はひっそりとしている。石垣島から観光フェリーで20分程度の距離だから、観光客は島を訪れても日帰りで石垣島に帰っていく。そういう「通過」の島だった。

けれど星野さんは、「だからこそ滞在型の富裕層には魅力的」と考えた。日本国内の富裕層はもちろんのこと、海外からのインバウンドの客にも対応できるように、中洲さんを派遣して本格的なフランス料理のレストランをつくった。ホテル内にはただ一軒のレストランだから、否応なくその注目度は高い。

中洲さんはまず調理場を出て、竹富島や石垣島、さらには周辺の島々や沖縄本島の食材探しから始めなければならなかった。星野さんが語る。

「中洲君の場合は、そうすることで生産者を探し出し、食材の魅力を確認し、さらに生産者に注文を出しながらより魅力的な食材を生み出す努力を続けています。その結果、竹富島でしか食べられないフランス料理が生まれてきた。そういう働きに、私は高い評価を出しています」

つまり星野グループの料理人たちは、浜田さんや中洲さんに限らず、誰もが赴任した地域で食材や生産者の魅力探しを行い、「ここでしか食べられない料理」をつくり続けているわけだ。リゾート運営の達人の秘密の一つは、ここにありそうだ。

年4回の魅力会議

星野さんはこうも言う。

「観光業はご当地自慢でもあります。ここに来たらこれを食べてもらわないと困ります、この行事を味わわないで帰ったら来た意味がありません、というような『おしつけ』のサービスをいくつ持てるかがポイントです。お客様はその地域の魅力を知らないわけだし、知っていてもガイドブックに載っているようなありきたりの情報だけですから、地元のもっとディープな魅力を『おしつける』必要がある。それを味わうことで『こんな美味しいものがあったのか』『こんな楽しいことがあったのか』と、リピーターになってくれる。そういう魅力をどんどん見つけて、自慢してほしいのです」

そのために、星野リゾートでは年に4回「魅力会議」を開催するという。旅行代理店が季節ごとにシーズンの観光客の集客を始める前の段階で、各地の旅館やホテルが「より進化した魅力」を発信するためだ。

ここには、営業担当者や本社のホームページ担当者、広報担当者たちに混じって、各施設の料理人たちも出席する。料理長だけでなく、星野さんはなるべく若手も参加するように仕向けているという。

「各地の魅力をストーリーとして発信することが大切です。ただ単品で『これが美味しい』といってもなかなかお客さんはいらしてくれません。料理人本人がその魅力やストーリーを語ることで、営業担当者やホームページ担当者にもその熱が伝わります。そうすると営業活動もうまくいく。若手料理人にも、その流れを知ってほしいと思っています」

この話で私が感じたのは、やはり「コミュニケーション能力の高い料理人」が求められているということだ。自分の職業の領域外の専門家に意図を伝えられる能力、議論できる能力が求められている。それは料理を客観的に理解し、説明できる力があるか、ということだ。

もちろんさまざまなアイディアの中には没になる企画も少なくない。あるいは、星野さんからしたら「これは絶対に駄目でしょう」というようなアイディアが、のちのちお客様の間で人気を呼ぶ企画になることもあるという。

「青森にある旅館『青森屋』のスタッフから『雪見こたつ馬車』というアイディアが出たことがありました。馬車にこたつを積んで、外を走りながら雪景色を楽しむという企画です。私は、そんな寒い季節にお客様が馬車に乗るものかと思いましたが、思い切ってやってみたらこれが大人気。青森には昔からあった文化だというのです。いまでは欠かせないコンテンツになりました」

それだけではない。青森屋では、以前は接客を標準語で行っていたという。ところが星野グループの傘下に入り、星野さんの「観光業は地域らしさの演出」というコンセプトを学ぶことで大きく様変わりした。接客を、津軽弁で行うようになったのだ。

「これも大人気です。以前と同じスタッフが接客に当たっているんですが、お客様が喜んでくれる姿を見て、『以前は何をやってたんだろう？』と首を傾げています」

ひと昔前までは、日本のホテルや旅館では、ともすれば「どこを切っても金太郎」的な料理やサービスしかお客様に提供してこなかった。和食のコース料理には、山間の旅館でもお造りがついたし、海沿いの宿でも肉料理が必ず出てきて、その地域や季節ならではの味覚や料理法を徹底してお客様に堪能してもらおうという意識は希薄だった。

星野リゾートでは、定期的に「地域の魅力探し」をすることで、食分野だけでなくサービスの分野にも「その地域らしさ」が満ちるようになった。その地域の文化性にお客様は喜び、やがてファンとなり、リピーターとして何度も足を運んでくれる。星野さんが言う。

「2020年の東京オリンピックのときには海外からも大勢の観光客がやってきます。そのとき、東京と京都という二大観光地からいかに地方にまでお客様に足を延ばしてもらうかが勝負です。そのためには、いまから『日本の地域は魅力の宝庫だ』『日本には多様な地域の楽しみ方がある』という意識を持ってもらわないといけません。各地域の個性の発信が重要なポイントなのです」

自信に繋がったボキューズ・ドール

さて、この章の冒頭で紹介したボキューズ・ドールである。「日本でしか食べられないフランス料理」を目指している浜田さんの料理は、フランス料理の本場でどんな評価を受けたのだろう。

ＢＥＮＴＯをコンセプトにした浜田さんの魚料理は、審査員に大好評だった。木箱に入れられた料理のディスプレイといい、湯気とともに会場中に流れた柚子の香といい、まさに日本料理の雰囲気をかもし出していた。

その結果は、見事に全24チーム中トップの８４２点を獲得。８１９点のフランスや強豪デンマークの８１０点を大きく引き離し、「さすが魚料理が盛んな日本」という印象を観客や審査員に植えつけた。

残念ながら肉料理では７６２点と得点があまり伸びず、８６８点を叩き出したフランスや、

806点を出したデンマークには逆転されてしまったものの、総合成績は見事に第3位！　日本チーム史上最高成績である銅メダルを獲得することができた。

大会のあと、浜田さんはこう語った。

「この一年間、寝る間も惜しんで練習してきました。日本の食材だけでなく器やカトラリー、木のトレー等を含めて、100パーセント日本の魅力を伝えること。各国の審査員にリーチする味とプレゼンテーションをつくること。その二点がぼくの使命だと思っていました。結果として銅メダルをとれたのは、ここに関わってくれたチーム全員の力の結果だと思っています」

ちなみに浜田さんが使った福井県越前市の龍泉刃物製のナイフは、その見事な切れ味に驚いた各国の審査員が審査のあとに「一本ほしい」と言って、何本も持っていかれてしまったという。食材だけでなく、日本の工芸品の素晴らしさをPRすることもできたわけだ。

第一章で紹介したフランスの3つ星シェフ、ミシェル・ブラスとライオールのナイフのコラボレーションを思い出してほしい。美味しい料理とともに素晴らしい道具が紹介されると、一層輝いて見える。道具をつくる技術も世界に紹介される。そういうことの積み重ねで、日本の食文化全体が世界に広まっていくことになるのだ。

このボキューズ・ドールへの出場を振り返って、星野さんはこう語っている。

「ホテルの調理場部門で働いている料理人は、プロ意識は強いけれど具体的な目標や将来像を見つけにくい人たちだと思っています。グループ全体で見ても、料理人の方たちにどうやってビジョンを持ってもらうかが大切なんです。そういうときに、コンペティションへの参加は組織のモチベーションアップにはすごく大きな意味を持っていると思います」

実はボキューズ・ドールにおいて、世界の国々は「国家戦略」として膨大な予算を投入して代表チームを送り込んでいる。20年ほど前から、北欧の国々が素晴らしい成績を収めているのはその戦略があるからだ。前述したように、デンマークにあの「ｎｏｍａ」が存在するのは、そういう「国家の意思の表れ」でもある。

日本でも、日本ボキューズ・ドール委員会会長の平松宏之さんが多大な尽力を重ねておられるが、残念ながら現状では、国家的な支援は期待できない状況にある。代表に選ばれた料理人は、所属する企業の理解を得られなければ、練習費用や練習時間まで全て自前で調達しなければならない。これでは闘う前に敗北は当たり前だ。

その点星野さんは、浜田さんの出場が決まるとけっして少なくない予算を立てて、その練習や準備を支援した。浜田さんは少なくとも大会の9カ月前からはホテルの調理場を離れて、練習に打ち込める環境にあった。大会当日の応援団も、ホテルの支配人や広報担当者等、少なくない人数が日本から派遣されていた。

こうした取り組みは、グループ全体にどんな効果をもたらしたのだろう。

「現地まで応援に行ったスタッフは、みな感激して帰ってきました。仲間が日の丸をつけて必死で闘っている姿には、誰もが感動します。それが社内に広まって、たとえば営業スタッフが盛り上がる。なぜなら自分が営業しているホテルには、世界的な料理人がいるとなれば、営業のキラーコンテンツになります。これはグループ全体の自信に繋がります。だからボキューズ・ドールの効果は、各調理場はもちろんのこと、営業やマーケティングの担当者が一番大きかったのではないでしょうか」

地域の魅力探しをグループの基本方針とする星野リゾートには、各施設に地域の食材の魅力を十二分に引き出し「ここでしか食べられない料理」をつくる料理人がいる。その中には、世界的な評価を受けたシェフもいる。そしてスタッフたちは、日々地域の魅力探しに邁進して、「お国自慢ネタ」を探し続けている。

そういうループが日本全体に広がるとき、なるほど世界からしてみたら、日本は多様な文化を持つ魅力的な国、日本の地域は面白いという評価も定着するはずだ。

来たる２０２０年の東京オリンピックを目指して――、ここにも日本の観光業の「元気」の源がある。

第六章

日本の季節を「表現する」力

里山はこんなに豊かだ！

里山の前菜、土のスープ

その料理が運ばれてくると、なぜか懐かしい「故郷」に戻ったような気分になる。たとえばコース料理の最初の一皿として運ばれてくる分厚い木のプレート（実はこれ自体が飛騨から取り寄せた貴重な木なのだけれど）。その上にクロロフィル（葉緑素）と炭で色付けしたおからと、芯の部分を取り除きシロップ漬けにしてからフライにしたゴボウ、さらに多種多様な野草等で表現されているのは、日本人ならば誰でもほっこりする「里山の風景」だ。プレートに載った木筒には、ブナと楢《なら》の木の香りを移した水が入っている。料理には、豆乳のソースが添えられている。

主賓の木のプレートにはスピーカーが内蔵されていて、白神山地等の森の中のライブ音を、ＷｉＦｉで飛ばしてＢＧＭとして流す演出もある。

東京の青山の近代的なビルの中で食事をしていることを忘れさせるような演出だ。

あるいは「土のスープ」。

グラス状の器の中に入った液体は、確かに土色をしている。

――土なんて飲めるのか？

恐る恐る口にしてみると、確かに土臭さがある。

——おそらくこの味は、ゴボウの香か？

この2品をいただくことで、これからどういう料理が続くのか、ある種の不安とともに期待感も高まる。すでにこの店のシェフの独特な料理世界にグイッと引っ張り込まれ、「この船に乗ってしまった以上行けるところまで行くしかない」という気持ちにもなる。

「里山・森からの贈り物」とメニューに書かれた料理は——、なんと真っ黒な炭のような牡蠣だ。

ところが口にしてみると、黒く炭のような部分が柚子風味で美味しい。炭を入れたベニェの生地をつけて揚げているのだ。噛みしめると磯の香りが口の中一杯に広がる。

——森は海の恋人というからな〜。

思わずそんな言葉が思い出される。

日本列島は、細長い棒状で、その中心には標高2000〜3000メートル級の高い山が聳えている。その雪解け水や湧き水が川となり、わずか100キロメートル程度で海に注ぎ込む。

だから日本列島の沿岸一帯は、森の養分が川の水とともに海に流れ込み、魚介類にとってはまさに豊穣な「揺り籠」なのだ。その沿岸部で育ち、海のミネラルをたっぷり吸い込んだ牡蠣は、日本列島の森の豊かさの象徴だ。

――だから「里山・森からの贈り物」なのか。

食べながら頭脳を刺激してくれる料理であるとともに、改めてこの列島に生まれた幸せを感じる料理でもある。

パンは、栗や芋等が入った生地を発酵途中でテーブルまで運んできて、お客様の目の前で最終発酵から焼成までを行う。湯煎の状態で発酵を行い、熱く熱した石の器で焼き上げる。そこには、クロロフィルで色付けしたおからを周囲に纏《まと》わせて苔に見立てたバターが添えられる。

私が最も気に入った一皿は、仔豚とタマネギの料理だった。舞鶴産のタマネギは丸ごと表面を焼かれ、その後じっくり10時間蒸されている。出てきた甘いシロップが、まるでコンソメのように澄んだソースになる。仔豚の皮目はあくまでもパリッと焼かれていて、中はしっとりした完璧な火通しだ。

どの食材も、まさにこの季節でなければ食べられない「兆し」や「盛り」の状態であり、その味覚を120パーセント引き出すような組み合わせや調理法が施されていることがわかる。

――まさに日本のこの季節のこの店でしか食べられない料理だ。
誰もにそう思わせる料理をつくり続けて世界からも評価される料理人。
それが、青山に「ＮＡＲＩＳＡＷＡ」を開いて12年目となる、成澤由浩《なりさわよしひろ》さんだ。

頭の後ろに目がある料理人

私にとって成澤さんのイメージは、辻調グループフランス校に伝わる「学生時代の成澤さんは10年に一人の逸材だった」という伝説だ。残念ながら私はそのときはまだ校長に就任していなかったので、目撃はできなかったのだが、ベテランの先生の多くから、学生時代の成澤さんの秀逸ぶりは何度も耳にした。

いまから約25年前、10代だった成澤さんはフランス校において素晴らしいリーダーだったという。抜群の統率力。後ろにも目がついているのではないかと教師に言わしめた視野の広さ。手さばきの美しさ。料理技術が優れているだけでなく、誰よりも率先して調理場の掃除や後片付けも行っていたという。当時を振り返って成澤さんは言う。

「ぼくにとってはそれは当たり前のことでした。小さいころから祖父が和菓子職人、父は洋菓子とパン職人、１階がお店と調理場で２階が自宅という環境で育ちましたから。遊び場が調理場で、手伝うたびに父に清掃や整理整頓を厳しく仕込まれたんです」

調理だけではない。少年期の成澤さんは、勉強もできて進学校に進み、趣味のサーフィンやウインドサーフィンでも地元では有数の成績を収めていたという。ところが高校を卒業すると、大学には進学せずに料理の道を目指した。なぜか？

「高校の修学旅行でマウイ島に行ったとき、世界レベルのサーファーを見てとてもかなわないと思いました。当時から、将来は自分の世界観で勝負したい、勝負できる分野に進みたいと思っていました」

ある意味で早熟な若者だったのだ。

そのビジョンがあるだけに、フランス校を卒業してからのヨーロッパでの修業先も凄い。ポール・ボキューズ、スイスのジラルデ、フランスに戻ってロビュション、アラン・デュカス、イタリアのマルケージと、当時にあってはきら星のような料理人の下で修業を経験している。ことに「鬼軍曹」の異名を持つジラルデの調理場は、「まるで漫画で見ていた『虎の穴』（タイガーマスクが修業したプロレス道場）でした」と苦笑する。

他のシェフもそうだが、実力のあるシェフはとにかく一日中怒っている。時間に厳しいジラルデは、時間内に仕事を終えないと激昂する。かといって、残業しても怒る。とにかく決められた時間内に決められた作業を終えなければならないのだ。その条件下で、成澤さんは時には連日300個ものラビオリをつくり続けた。手さばきが美しくなるわけだ。

同時にフランス修業時代は、一流シェフの料理を徹底的に食べ歩いた。アラン・シャペル、ジャック・マクシマン、ピエール・ガニェール等々。

憧れの料理人の料理の共通点は何なのか——それは、きっちりと体系化された方程式があることだった。季節ごとの食材の特徴、テロワール（土地）ごとの食材の特徴、ワインとの相性等々、それらには、美味しく食べる方程式があった。素材、季節、地域性を重視してその方程式を当てはめていけば、必ず美味しい料理になる。

——ならば新しい素材を見つけて新しい方程式を組み立てることで、前衛的な料理になるのではないか。

当時の成澤さんがそこまで考えていたかはわからないが、今日の独創的な料理を見れば、このときつかんだフランス料理の本質を、今日の成澤さんは「ナリサワ色に染めている」と見ることもできる。

やがて95年、成澤さんは8年間に及ぶヨーロッパ修業から帰国して、小田原に店を出す。こちらもはや伝説と化した「ラ・ナプール」だ。

小田原に出店した理由をこう語る。

「東京では通りすがりの人も店に入ってきてしまいます。ぼくは、ぼくの料理を食べにわざわざ来てくださるお客様に料理を提供したかった。自分の料理がまだしっかり定着していないこともありましたから、1年間はマスコミに出るのも自ら禁じて、ひたすら自分の料理を探していました」

開店当初、成澤さんはフランスから食材を輸入して、「フランスと時差のない料理」を提供し続けた。マスコミに載らないのだから客席はいつもがらがら。けれど、口コミでの評判を聞きつけて、有名料理人が集まる店だったという。

「あのころのぼくは、感覚的にはむしろフランス人だったのかもしれません。10代の末から20代にかけて、最も多感な時代にヨーロッパで生活していたのですから。ところがあるとき思ったんです」

——自分がゲストだったらどうだろう。フランスでも食べられる料理を小田原で食べられるからといって、喜んでもらえるだろうか？

あるときから、その疑問が成澤さんに取りついたという。

私にも記憶がある。成澤さんの料理を食べ続けてきて、あるときを境にガラリとその本質が変化した。世界的に見ても、怪我や病気、倒産やオーナーが変わることで料理の質が変化する料理人は珍しくないが、営業を続けながらドラスティックに変化する料理人は珍しい。またそれを成功させることも至難の業だ。

かつての成澤さんは、クラシックなフランス料理をつくらせたら抜群の腕を持っていた。いまもそれは変わらないはずだ。だが、今日の「NARISAWA」のメニューには、伝統的なフランス料理の名前は記されていない。むしろ「前衛的な料理」ばかりだ。

何が成澤さんをそうさせたのか。

そこにはある意味で、「日本」との強烈な出合いがあったという。

食べられるほど安全な土

店を始めて約6年後、30代の初めごろのこと。成澤さんはこのころからしきりに生産者のもとを訪ねるようになっていた。その一人、信州の標高1000メートルの高原で無農薬野菜をつくっている生産者、由井啓盟さんを訪ねたときのこと。

厳しい冬の日、成澤さんの目の前に広がる畑で、由井さんは黙々と土を相手に養分を与える作業を繰り返していた。もちろんその時期に、畑に作物は皆無だ。そのとき閃《ひらめ》いた。

「由井さんは野菜をつくっているだけではない。この土を育てているのだ――」

由井さんがつくる野菜は美味しい。無農薬だから安全だ。ということは、この土もまた食べられるのではないか――。

その閃きが後に「土のスープ」として料理に結晶したことはいうまでもない。

同時に、生産現場では、都会では見えない現実が見えてきたことも確かだ。

たとえば森の中に、朽ちた炭焼き小屋があった。炭焼きでは生計が立てられないから、最近は誰も山に入らなくなったのだ。するとどうなるか。

「山に人が入らないと、落ち葉を拾う人もいなくなる。すると森の地面に陽が差し込まなくなって、生態系も乱れてしまう。地元の人に、森が死んでいくんだと教えられました」

森が死んだら、そこからとれる山菜やキノコ類はどうなるのか。考えるまでもない。

あるいは農家の方が必死で選挙運動をしているシーンにもでくわした。なんでそんなに必死なのだろう。不思議に思って尋ねると、「市長が変わるとゴルフ場が誘致されて、農業の環境が変わってしまうから」と教えられた。

無論、農業環境が変われば、これまでのような生産物はつくれなくなり、成澤さんたち料理人は、美味しい食材が手に入らなくなる。このときは思わず、「選挙がんばって」と応援したくなった。

無農薬農法を実践している生産者の現実は、もっと悲惨だった。

「ある集落で一人で無農薬農法を実践している生産者は、ゴミを回収してもらえなかったり、いじめにあったり、つまはじきにされていました。みんなが農協から農薬を買っているのに、一人だけそうしないといじめられる。そういう現実とも戦いながら、無農薬野菜をつくってくれていたんです。そのことに初めて気づきました」

それまで無農薬での野菜栽培は理想のように思っていた。けれど現実は、生産者たちのぎりぎりの戦いの中で勝ち取られたものなのだ。生産者の社会性に思いを馳せないわけにはいかない。

――私のつくる料理は、こういういろいろなものと結びついて完成している。そのことを意識して料理していかないと、この料理は続けられなくなる。

自然、環境、生産者、後継者、土、種子、社会環境、労働環境、等々。この社会全体を俯瞰して見ていかないと、どれか一つ欠けただけでも自分の料理はできなくなる。いまの料理環境全体を守っていく努力が大切だとわかった瞬間――、成澤さんの中で「サステイナブル（持続性）」という概念が生まれてきた。

やがて成澤さんは、「サステイナビリティとガストロノミーの融合」を考えるようになる。料理人という立場で自然を理解し、環境問題に向き合わなければならない。料理を通してお客様に自然の大切さや環境問題に気づいていただき、関心を持ってもらいたい。

そうやって思いを巡らせる中から、「土のスープ」や「水のサラダ」等の料理が生まれてきた。いつしかそれは、「Innovative SATOYAMA Cuisine」と呼ばれるようになった。

成澤さんは、ホームページのトップに「フィロソフィー（哲学）」という項目を設けて、こう記している。

「日本には、草花のたたずまい、鳥のさえずり、風の行方、月の満ち欠けなどに、移りゆく時を感じ取り、また時の流れに身を任すように、四季の喜びをいとおしむ習慣があります。（中略）素材の生み出す背景を、真の心で護らなくてはならない。そしてこの自然の風景を、人の為に人の手によって絶たれた命を、もう一度お皿の上に蘇えらせるのです。（中略）皿の上には季節の力を備えた、主役となる食材があります。（中略）食べ手には、自然の力を存分に吸収してほしい。物質ではなく、生命を食しているのだということを忘れぬように……」

技術や発想に垣根はない

この哲学を料理で表現するために、この時期の成澤さんは、フランス修業で身につけた技術の他に、独学で学んだものがあった。

それは、旧来の料理界のジャンルや種別を超えた技術の習得だ。

成澤さんはこう語る。

「生産者と出会い、多くの気づきがあり、素晴らしい真の食材を手にしたとき、ぼくにはそれを最も美味しくいただく料理の完成形が見えてきます。その完成形を目指すとき、料理技術に垣根はないと思い至りました」

成澤さんは、店が休みのたびに、当時新宿にあった小さな中華料理屋に通いつめた。そこの料理長王さん（故人）は、上海の貴族の家柄に生まれた人だった。少年時代に腕のいいお抱え料理人がつくる料理を食べていたから、味覚がしっかりしていて腕もいい。大きな中華鍋を振るときも、カチャカチャと大きな音をたてたりしない。静かな所作も見事。当時の味を再現した料理は、他では食べられないレベルだった。

「その完成形を味わって、そこから中国料理の技術を独学で学んだのです」と、成澤さんは言う。

たとえば肉を焼くとき、成澤さんは生の状態から80度の油を何度もかけながら火を通していく。中国料理の技術だ。こうすると、表面温度と内部温度がコントロールされ、肉の中に美味い肉汁を閉じ込めることができる。肉を噛んだとき筒状のタンパク質が壊れて、そこに入っていた肉汁が口の中にわっと広がる。

「これが最高の味だという自負があります」と、成澤さんは言う。

あるいはフランス料理の基本中の基本であるドゥミグラス・ソースも、バター等の脂質をあまり使わずに、身体に優しいように「蒸してとる」技術を考えた。

「洋食はフランス料理が英国経由で日本にやってきた素晴らしい食文化です。ぼくの子どものころはハレの日の料理でした。ところが最近は、その基本であるドゥミグラス・ソースも外注化してしまっている。ぼくらはこの食文化を守らないといけないから、いまの時代に合った料理のプロセスを考えたのです」

やがてその技術研鑽は、新しい「味覚」を生み出した。2003年のこと、野菜を備長炭で炭化させ、その炭を食材にまぶす方法を編み出したのだ。

たとえば飛騨牛には、下仁田ネギを塩水につけたあと、備長炭の横に置いてじわじわと真っ黒になるまで炭化させた炭をまぶす。この組み合わせがベスト。それは、フランスでの修業時代に学んだ料理の方程式を、日本の食材に当てはめて新しく開拓した「成澤の料理」だった。人からは「前衛的」と見られるかもしれないが、成澤さんの中ではしっかりとした「方程式」がある。それこそが、帰国以後目指していた「自分にしかできない料理」の一つの姿だった。

私から見ても、成澤さんの料理技術は、世界でも有数のレベルに達していると思う。前にも述べた「営業しながらの変化」は、生産者や食材との出会い、そこからの気づきが大きかったに違いないが、合わせてこの技術革新への貪欲さがなかったら、今日のような大輪の花は咲かなかったはずだ。

お客様も、この大輪の花の価値がわかっている。

２０１１年、東日本を襲った大震災と原発事故のあと、それまで連日大勢やってきていた海外からのお客様がぱったりと途絶えた時期があった。日本中のガストロノミー・レストランで閑古鳥が鳴いていた苦難の日々だった。

ところが成澤さんの店では、「いまなら空いているだろう、予約も取りやすいはず」といって、わずか１カ月で海外からの客足が戻った。成澤さんが目指す「自然の力を吸収する料理」や、その技術が生み出す「ここでしか味わえない料理」。客席を埋めたのは、それらを支持するお客様の熱い思いだった。

その様子を見ながら、成澤さんは一つの決断をする。

それは、店名を変えること。成功しているレストランが営業を続けながら店名を変えることは極めて珍しい。２００３年に青山に越してからは「レ・クレアシヨン・ド・ナリサワ」という店名だったが、震災後、シンプルに自分の名前を冠した「ＮＡＲＩＳＡＷＡ」に変えた。

――自分が料理で何を伝えたいかがしっかりと見えたから。

第二章で述べた萩さん同様、そこには成澤さんの使命感が込められているはずだ。営業しながら料理の内容をガラリと変え、店名も変えること。そして成功し続けること。その変化を怖がらない姿勢こそ、成澤さんの誠実さであり、真骨頂なのかもしれない。

若者たちへ

「今日は君たちが普段遊んでいるこの山からとれた食材だけで料理をつくりました。たくさん食べてくださいね。この食材はなんだかわかりますか？」

ある日のこと。とある生産地にある公民館で、地元の小学生や生産者たちを前に、料理を振る舞う成澤さんの姿があった。日頃食材を通してお世話になっている生産地を訪ね、成澤さんは年に一、二度、こういう催しを開いているという。

「田舎の子どもたちでも、食べ物はスーパーに売っているものと思っている子もいます。野山を歩けばいろいろな食材が見つかる。コスモスだって食べられる。自分たちが住んでいるこの地域はこんなにも豊かなんだということを、子どもたちに感じてほしい、わかってほしいと思って続けています」

食事の途中、成澤さんは子どもたちに尋ねる。

「コンビニが好きな人？」

「はーい」と、ほとんどの子が手を挙げる。

そこでこう語りかける。

「コンビニで売っている食べ物の裏側をよーく読んでごらん。なんだか難しい薬品名とかがいっぱい書いてあるだろ。あれは食品を長持ちさせる薬なんだ。でも君たちのおじいちゃんやおばあちゃんは、君たちが食べる野菜に農薬は使っているかな？　家に帰ったら聞いてみてね」

毎回の食事を無意識に食べないで、自分の食べるものには注意を向けること。食べ物の安全性に興味を持たせること。それもまた、この企画の狙いの一つだ。そして最後に、成澤さんは子どもたちにこう語りかける。

「将来、大きくなったら一度は海外に出てみてください。そうすれば日本とは違った文化が経験できるし、日本のこともよーく見えるようになって自分たちの故郷の素晴らしさも見えてくる。そうやって、自分が生きる舞台を探してください」

それは、成澤さんが歩んできた道であり、いま料理の世界で多くの若者たちが歩んでいる王道でもある。

青山の「NARISAWA」でパティシエを務める女性もその一人だ。

ある年、スペインのバローナでのパティシエ・コンクールの審査員として成澤さんが招かれたときのこと。スウェーデン代表として登場した日本人の女性がいた。その存在は面白いと思ったが、作品は惜しくも2位だった。大会終了後、成澤さんのもとにメールで問い合わせてきたのが彼女だった。

――何がいけなかったのでしょう?

自信満々なのだ。長い長いメールのやりとりが続いた。彼女は翌年も、同じコンテストにエントリーしてきた。ところがこのときも2位。また長いメールがきた。成澤さんはこう返した。

――一度ぼくの店に食べにおいでよ。

実際に成澤さんの店にやってきて料理を食べた彼女は、すぐにこう言った。

「私をこの店で雇ってください。一緒に働かせてください」

その日から、彼女は「ＮＡＲＩＳＡＷＡ」にとって、欠かせないスタッフになったという。

成澤さんはこう語る。

「異文化を歩いてきたからこそ、彼女は私の目指す料理の方向性がわかってくれたのだと思います。私が何を表現しようとしているか。そこがポイントです。シェフの哲学がしっかり表現できていないと、世界は相手にしてくれません。異文化で働いてきたからこそ、彼女にはそれがわかっているのです」

確かに昨今の世界のガストロノミーの潮流は、シェフのスペシャリテ（得意料理）を求めて食べ歩くことから、シェフの哲学的な表現を楽しむ傾向に変わりつつある。一世を風靡したスペインの「エル・ブリ」の料理長フェラン・アドリアが「コレクション」という、分子料理と呼ばれる新しい技術を駆使した多数の皿からなるコース料理を流行《はや》らせた辺りから、その傾向は顕著だ。

その中でも成澤さんは、世界で誰よりも早く「自然保護」や「サステイナビリティ」といった哲学を打ち出し、それを表現する料理を生み出してきた。それは、そのコンセプトを実現させる素晴らしい技術も持っているからこそなせる業だ。２０１３年には、辻静雄食文化賞（専門技術者賞）を受賞されているが、その受賞理由もまさにそこにあった。

私が行ったインタビューの日、成澤さんは少年のようにキラキラした目をしながら新しく生み出したばかりの料理を解説してくれた。

「まもなくリヨンで、『椿と麹を使ったデザート』を発表します。かつて麹菌は、灰の中で保存したものでした。それが日本人の知恵だったのです。ことに椿の灰の中がいいといわれてきました。そこでぼくは、砂糖を使わずに発酵の甘さだけを使ったこのデザートを考えました。麹菌がいかに日本人にとって大切か。貴重な食文化であるか。それを感じるきっかけになってほしいという願いから考えました」

成澤さんは最近、「ベネフィシャル（有益な）・ガストロノミー」という造語を考えて提唱されている。単に美食だけにとどまらず、日本の食文化を大切にして改めて表現する料理概念と理解していいだろうか。その一つが、ここに見る麹の新しい表現であることは間違いない。

現在、九州を走っている豪華列車の料理をプロデュースしている成澤さんは、九州中の生産者を訪ね歩きながら、素晴らしい真の食材を探し続けている。探すだけではない。沖縄の普天間基地の近くで無農薬の田芋《ターンム》をつくっている生産者と出会えば、そのほとんどを買い取って生産を支援する。ほかにも、石川県で山に入ってハコベ等の山野草を採取している農家に出会えば、その存在と技術が伝承するように、毎月20万円分買い取る約束をしてくる。

この素晴らしい日本の食の環境をサステイナブル＝継続するためには、そういう具体的な努力が必要なのだ。

その姿勢が認められ、２０１１年にはマドリッドで開かれた世界料理学会で「世界で最も影響力のあるシェフ」に選ばれた。２０１３年には自ら生産者や食文化を専門とするジャーナリストや学者たちを集めて「QUEST for Japanese Food Culture」という連続シンポジウムも開いた。

その姿を見ていると「シンク・グローバル、アクト・ローカル」という言葉がぴったりだ。地球規模で食に関する環境問題を考え、自分が住む地域（＝日本）でそのサステイナブルな実践をする。

成澤さんは都会のガストロノミー・レストランを経営しながら、日本全国の意欲的な生産者と繋がり、産地と連携し、そして自然の保全といった大きなテーマを共有していく。料理人というものの社会的な役割の拡張性を見せつけてくれる。フランス料理の概念を越えて、成澤さんでしか表現し得ない料理世界を確立しつつ、日本の食文化を担う重要なプレーヤーにもなっている。

成澤さんのこうした日々の挑戦、不断の努力の先に、日本の未来が見えてくる。

第三部　人と「繫がる」力

第七章 異業種のプロたちを「巻き込む」力

「いただきます・プロジェクト」で結ばれた先駆者たち

一枚の写真から

一枚の写真がある。

無垢の床と柱でつくられた大きなダイニングルームに、50人あまりの料理人やサービスマン、食材生産者、ワイン生産者たちが集まっている。

大きな窓から降りそそぐ柔らかな日差し。おそらく窓の外には雄大な自然の景観が広がっているのだろう。部屋いっぱいに高原の風が吹き込み、柔らかな空気が満ちていることが感じられる。

何より素敵なのは、集まった人たちがリラックスして思い思いのポーズをとり、満面の笑みをたたえていることだ。

最前部で寝ころがっている料理人がいる。青森「ダ・サスィーノ」の笹森通彰さんだ。

自ら床に座ってその足を支えているのは、第五章で紹介した軽井沢ブレストンコートの浜田統之さんだ。

テーブルの上には焼きたてのパンが盛られ、オリーブオイルやワインボトルも見える。

そのテーブルを囲んで、大阪のベーカリー「ル・シュクレ・クール」の岩永歩さん、仙台「アル フィオーレ」の目黒浩敬さん、東京青山「フロリレージュ」の川手寛康さん等の姿がある。

料理人は白いシェフコート姿が多いが、中にはブルーのシャツにエプロン姿のサービス担当者も見える。Tシャツやポロシャツ姿の人もいる。中央で黄色いシャツに茶色のパナマ帽、白い髭をたくわえてひときわ存在感を発揮しているのは、この章で紹介する千葉県八街市の生産者、70歳の浅野悦男《あさのえつお》さんだ。

北は北海道から南は沖縄まで、シェフ、サービスマン、そして生産者たち、日本中の「食」の専門家たちが集まった。

「料理通信」２０１４年10月号に掲載されたこの写真が撮られたのは、同年7月7日のこと。山梨県清里の「清泉寮」で行われた、「いただきます・プロジェクト」と名付けられた食のプロたちが集まったフォーラム＆ディナーの仕掛け人たちの集合写真だ。

この施設は、清里開拓の父と呼ばれるポール・ラッシュ（立教大学草創期の教授でもある）がつくったキープ協会（清里教育実験計画）の研修施設の流れをくんでいる。そこに、本章の冒頭に紹介したような料理人たちの声かけで、料理人、サービスマン、生産者、ワイナリー・オーナー、流通業者、霞が関の官僚、ジャーナリストたち、約１００人が集まった。

フォーラムでは、３つのテーマ（「識る〜食をとりまく現状と背景、歴史」「育てる〜生産者の現場」「届ける〜素材のバトンの届け方」）で連続シンポジウムが行われ、その後長テーブルで150人が参加する大ディナーが開かれた。8人のシェフが「つながる」をテーマに、ストーリー性のある10皿の料理をつくって参加者に振る舞ったのだ。

この写真を見て、私はしみじみと思う。この業界もずいぶん変わったな、と。

ずいぶん前から、料理人たちが集まる会はいくつもあった。フランス料理界には、「日本エスコフィエ協会」「トック・ブランシュ国際倶楽部」「クラブ・デ・トラント」等、一流の料理人たちが集まる業界団体があり、それぞれに技術研鑽や社会貢献活動等を続けていた。

ただ従来の会は、フランス料理、中国料理、日本料理等、料理ジャンルごとに、あるいは世代ごとにつくられていた。また、異なるジャンルの料理人とサービスマン、生産者が一堂に会するものにはお目にかかったことがない。つまり、「いただきます・プロジェクト」は、これまでの食関係の会に比べて、より開放的な雰囲気に満ちている。

写真からも伝わってくる、彼らの表情のなんと自由で、なんと柔軟なことか。組織をつくるにしても、職種、肩書き、年齢を越えて、全てフラットで多様性に富んでいる。

聞けばこの会は、そもそもは山梨・北杜市のワイナリー「ボー・ペイサージュ」のオーナー岡本英史さんの思想に共鳴するシェフの集まりだったそうだ。

岡本さんの思想は、自力で畑を切り開き、自然栽培、除草剤もまかない、トラクターで耕作もしないという、徹底的な自然農法に示されている。

岡本さんがつくるワインのラベルには、こんな言葉が書かれている。

「グラス一杯のワインで地球が変わります。そう、食べ方や飲み方で地球は変わるのです。そんなの夢みたいとあなたは思うかもしれません。でもいつかあなたも私たちと一緒に歩き出してくれるものと願っています」

その願いの第一歩が、この写真の集まりに結実したのだ。

それを可能にしたのは、料理人たちのネットワークだった。

この章では、この写真の一番奥の隅に写っているこのネットワークのキーパーソンの一人、西麻布「レフェルヴェソンス」のシェフ生江史伸さんの姿を紹介しようと思う。この会が企画されたとき、生江さんは「ただ集まるだけでなく、有意義な発信をしたらどうか」と提案したという。食の関係者のつくるネットワークの本質的な力を知る一人といっていい。

はたしてその考えは、どんな形で実践されているのだろうか。

個性の尊重と高め合いが大切

西麻布にある「レフェルヴェソンス」を訪ねると、生江さんは、いつものようにクールな表情で「いただきます・プロジェクト」のことを語ってくれた。

「いまの飲食業界においては、大きな問題を共有するという意味からは高級店も庶民的な店も違いはなくて、シェフの思想性も年齢も性別も関係ないと思っています。それぞれの料理人が自分の価値観を打ち立てて、その多様性を認め合い、高め合っていくことが大切です。そういう考えに共鳴する料理人たちが集まって、『いただきます・プロジェクト』は立ち上がりました」

このひと言に、現在の飲食業界の現状と問題点が凝縮されていると私も思う。

日本は経済的にも人口的にも、縮小の時代に入っている。私たち教育関係者も、人口が減少しつつある日本の子どもたちをどう教育して、この国の未来をどう切り開くかが大きなテーマになっている。

飲食業界でも、慢性的な人材不足が顕著で、将来的なビジョンを立てにくくなっているのが現状だ。

また地方では、経済全体の地盤沈下が進み、飲食店の経営も難しい環境にある。環境問題然り、食料自給率問題然り、食の安全の問題然り。これらの問題の前では、全ての料理人や生産者、加工業者や流通業者が同じ方向を向いて議論し合うことが大切だ。時には分野を越えて他分野の人とも繋がりながら、問題を共有していくことが求められている。

そのための第一歩として、生江さんたち40代を中心に「いただきます・プロジェクト」は始まった。彼らの組織には、事務局があるわけではない。スポンサーがついたわけでもない。働いているレストランの代表として参加しているわけでもない。誰もが個人としての参加だという。前にも書いたが、これまでの世代の料理人たちにはなかった広範囲な取り組みであり組織のつくり方だといっていい。生江さんが言う。

「打ち合わせは主にフェイスブックやメールを使いました。フェイスブックは生産者の方とも繋がるツールになっているので、これなしではもはや仕事になりません。頻繁にメールをやりとりして、準備の半年間で4回ほど顔を合わせて打ち合わせをしました」

事務局の仕事は、一人のジャーナリストが担当してくれたというが、約半年の準備期間でこれだけのことをやってしまうスピード感を見ても、料理人がSNSツールを使いこなしてネットワークを築いている姿はまさに隔世の感がある。

生江さんが言う。

「一口に地方の疲弊が問題だといいますが、細かく見ていくと、地方にあっても、東京からのお客様で支えられている店と地元のお客様だけで支えられている店とでは、問題の本質が異なります。食材のオーガニックの問題も、何が正解なのかわかりません。完全自然農法でやっている生産者もいれば、セオリーの10分の１程度は肥料を使うという生産者もいる。その土地に合った農法を行う以外、答えはないのかもしれません。そういう中で、私たちはバランスをとりながら、問題が混在していることを認識しながらやっていくしかないと思っています。一つのテーマを克服したら全体がよくなるという時代ではないのです。当日は霞が関から官僚も来てくれましたが、彼らに訴えただけでは何かが変わるとも思えない。自分たちが問題を共有して考えて、切磋琢磨しながら自分たちからアクションを起こさないといけないと思っています」

プロジェクトの中心メンバーの料理人たちも、この会の終了後、こんなコメントを残している。

「自然との共存の上で、いかに矛盾なく人の営みを成立させるべきか、考える日々です。しかし、個人で声をあげても限界がある。仲間と共に発信できたら、伝わる力は大きい

と思う」（仙台「アルフィオーレ」の目黒さん）
「人の身体は食べ物からつくられている。食べ物について知ることは、人が生きていく上で一番大事だと思うのですね。これまでも折に触れて語っていたのですが、このプロジェクトを通して積極的に伝えていけたら」（青森「ダ・サスィーノ」の笹森さん）
「お金に支配されている人間ばかりじゃないことを伝えたい」（「オテル　ドヨシノ」の手島純也さん）

（「料理通信」２０１４年10月号より）

生江さんは、フォーラムの冒頭、基調講演をした。そこでは人類史の大きな流れの中で私たちがいまどんな時代に生きているかを語り、その中で「ガストロノミーには何ができるのか」「日本の食文化関係者は何をなすべきなのか」という、途轍もなく長い時間軸の中で問題の本質を俯瞰的に提示したプレゼンテーションが好評だった。
いま目の前にある自分の問題と、地球規模の食の課題を一つの流れに沿ってしっかりと把握していること。ミクロとマクロ、その流れをわかりやすく語れること。語る言葉を持っていること。課題を提起して周囲にわかりやすく伝え、ファシリテートする明晰さも兼ね備えているこど。そしてもちろん、その言動が料理人としての枠から外れていないこと。それらの能力を、生江さんはセンスよく合わせ持っている。

この才能はどこからやってきたのだろうか。類まれなコミュニケーション能力は、どうやって培われたのか。料理人たちとのネットワークは、どんな発想からつくられてきたのか。その点を見てみよう。

全て独学で学んだ料理

「私の料理は、ほぼ全て独学といっていいと思います。図書館で料理の本を見ながら学んだのが最高の師匠でした」

生江さんはそう語る。

確かにその歩みは独特だ。生江さんは国際基督教大学付属高校から慶應義塾大学法学部政治学科に進み、将来はジャーナリストになるのが夢だった。そもそも英語力も基礎学力も、優れた若者だったのだ。

その生まれは1973年。本人曰く「団塊ジュニア世代」にあたり、同世代の人口が多く競争の激しい環境で育ったという。生江さんはその中でも、自立心の強い少年だったようだ。

大学在学中の4年間、自活をしたいと思ってスパゲティハウスでアルバイトをして稼いだ。やがて就職を考える時期になって社会を見回すと、時は90年代に入りバブル経済は崩壊し、一流企業でも倒産するケースも出てきていた。

生江さんは、その中にあえて入って結婚してマイホームを持つような幸せにも違和感を覚えた。企業社会の仕事には、人と人の繋がりや温もりが薄いようにも思えた。日がな一日パソコンに向かいデータを扱う仕事よりも、もっとお互いの顔の見えるコミュニケーションがしたい。ダイレクトに喜びが感じられる仕事に就きたい。誰かのためになっていると実感できる仕事がしたい。

そう考えていたときに、スパゲッティハウスで食事を終えたカップルから「美味しかったです」といってもらうひと言が心に染みた。

この仕事をやっていこうか——。

卒業後、親の猛反対を振り切って、西麻布のイタリアンレストランに職を得た。飲食業が理不尽な労働環境の職場であることは覚悟の上で。そこから数年間、生江さんはいくつかの店を渡り歩きながら、調理場だけでなくサービスの仕事も経験した。このころはいいオーナーにも出会えず、店との相性もいいわけではなく、けっして恵まれた修業時代ではなかったようだ。

だが後の人生を決める幸運な出会いはあった。あるとき、新規オープンのプロジェクトの視察で西海岸を旅していた。予備知識なしに飛び込んだレストランで食べたルッコラのサラダやニンニクのスープ、ステーキの付け合わせの野菜の美味しさに心を撃ち抜かれた。

――この野菜の美味しさはなんなんだ。

その店は、70年代から世界に先駆けて食材のオーガニック化や地産地消を提唱したことで名高い料理人、アリス・ウォータースが経営する「シェ・パニース」だった。アリスが手がける料理は素材の鮮度に着目し、その味覚を引き出す料理。生江さんはその料理法の素朴さと単刀直入な味覚の構築に驚いた。

――ぼくはこういう料理をやりたいんだ。やってもいいんだ。

生江さんにとっては、真っ暗だった目の前に一条の光が差し、料理界の頂点の存在が微かに見えた体験になった。

この時期の別の旅では、ニューヨークの料理専門の書店で一冊の料理本とも出合った。一皿の上に何十種類もの野菜が綺麗に盛られた料理が大映しになっている。

――しまった、ぼくは前からこんな料理をやりたかったんだ。先にやられた！

その料理が、ミシェル・ブラスの「ガルグイユ」だということはあとで知ったという。いまならば笑い話だが、当時はいろいろな意味でフランス料理に距離をおいていた生江さんにとって、この一冊は、さまざまな偏見が融解していくきっかけになった。

けれど、その出会いの感動が大きかった分だけ、ここからのアクションは大胆だった。

２００１年、そのミシェル・ブラスが洞爺湖のホテルに出店するというニュースがあった。第一章で述べたジャーナリスト齋藤壽さんがその招聘に成功したのだ。生江さんはすぐに調理場への応募願書を送った。なかなか返事はこなかったが、２００３年、30歳のときについに齋藤さんと面接するチャンスを得た。

だがこのときまで、生江さんは本格的なフランス料理の修業経験はなかった。図書館や書店で料理の専門書を見ながら独学で学んだだけ。生江さんは自分を採用してもらえるように、履歴書に細々とこれまでの経験を書きつらねたという。

それでも齋藤さんは、「技術力なんか履歴書に何が書いてあってもすぐにバレる。続くか続かないか、一週間のトライアルをやってみるか」と生江さんをブラスの調理場に誘ってくれた。

幸運にも採用になり、そこから5年間、生江さんは毎日必死に調理場での仕事にくらいついた。当時の洞爺湖の「ミシェル・ブラス」の調理場には、のち大阪で3つ星をとる「HAJIME」の米田肇さんや、第一章で述べた「マッカリーナ」のシェフの山崎充輝さん等、同世代の錚々《そうそう》たるメンバーが揃っていた。ほぼ全員フランスでの修業経験があり、調理場内のフランス語には不自由していなかった。渡仏経験もなくフランス語も満足に喋れなかった生江さんは、コンプレックスを感じながらも否応なく必死に働かざるを得なかった。

唯一生江さんに有利だったのは、フランス人のシェフのアレクサンドル・ブルダスと生江さんとは英語による深いコミュニケーションがとれたことだった。生江さんは高校時代から英語は得意だったので、二人の間で細かなコミュニケーションが成立したのだ。二人は腹を割って料理の話や将来のことを語り合うようになっていく。

毎年5月と11月には、ミシェル・ブラスも来日して、調理場のスタッフとミーティングを行った。このときブラスが何度も語った言葉が、生江さんの心に刺さった。

「お客様に誠実であれ。自分がやっている料理に誠実であれ。お客様との関係で嘘をつくようなことはするな」

ブラスはただ料理のことばかりでなく、社会的な問題のこと、文化的なこと、時には「君は日本人なのになぜフランス料理をやるのか」と生江さんに問いただし、哲学的な問答になることもあったという。

こういう会話の中で培った広い視野、議論する言葉、相手の言いたいことを理解して自分の主張を伝えていく力等が、後の生江さんのコミュニケーション力になったのではないかと私は思う。もともとジャーナリストになりたいと思っていた、世の中に対する興味の持ち方が、世界の一流の料理人と出会うことで磨かれて開花したのではないか。料理人とは、けっして調理場だけでものを学ぶ人ではない。一皿の美味しさのみならず料理人のコンセプト（哲学）も問われるようになったいま、「独学」という、ある意味で究極の遠回りをすることで、結果的に生江さんはより広くて深い視野を持つことができたのかもしれない。

生江さんの姿を見ていると、今日の料理人に必要とされているのは単に「技術」や「経営力」だけでなく、社会全体とコミュニケーションしながら「全体最適」「全体調和」を整える能力であることがわかる。

そしてその力は、料理にも表れている。

蕪料理で季節を知る

「開店して4年になりますが、昼も夜もほぼ全てのお客様に『丸ごと火入れした蕪』の料理を召し上がっていただいています」

レストランで、生江さんは語る。

メニューには、「定点」と題した蕪料理が載っている。

「〜丸ごと火入れした蕪とイタリアンパセリのエミュルション、バスク黒豚のジャンボンセック&ブリオッシュ」

蕪には、年に二回、夏と冬に「旬」があるという。夏の蕪は辛く、冬は甘い。生江さんは毎日同じ生産者から蕪を仕入れて、4時間かけて68度でバターをかけながら火入れをする。

こうすると、周囲は固くなるが中はジューシーになる。

生江さんがさらにこう解説してくれた。

「定点観測していくと、蕪は夏に向かって辛くなったり冬に向かって甘くなったりします。何度も通っていただいているお客様には、蕪の味で季節を感じていただきたい。私たち料理人も、地下の調理場で仕事をしながらも、蕪を味見することで季節を感じながら仕事をすることができます」

それは、修業時代にブラスに言われた「フランス料理をなぜ日本人が学ぶのか」ということの一つの答えなのではないか。四季の輪郭がはっきりした日本で、日本の食材を使いながら料理をするときに、それは避けて通れない道だと生江さんは感じたのではないか。

あるいは龍谷大学の伏木亨《ふしきとおる》教授は、生江さんの料理を指して「日本料理なのではないか」と言ったことがある。フランス料理の看板を掲げているシェフに対してナーバスな質問かとも思ったが、生江さんはその指摘にも微笑みながら「そうかもしれません」と答えたという。

「レフェルヴェソンス」では、料理の皿ごとにグラスでお酒を合わせるペアリングのコースがある。ワインを合わせるコースがあるのは無論だが、全ての皿に日本酒を合わせるコースも用意されている。フランス料理店でワインリストに日本酒が載ることは珍しくなくなったが、全ての皿にマリアージュした（適した）日本酒を用意するコースは珍しい。生江さんが言う。

「日本酒は千葉の寺田本家さんから蔵数で10種類、酒の種類で40くらいの日本酒を仕入れています。ディナーコースは12皿ですが、全ての皿に適した日本酒を出すことが可能です。日本酒は、タンニンが少なく酸味がすごくデリケートなお酒です。料理の旨味や甘みに合うんです。これまでのフランス料理では、豊富な脂肪分の中で日本酒の旨味が消えてしまっていたから合わなかったのですが、私の料理は脂肪分が少ないので日本酒でも合います。日本産のワインでも合います。もともとそういう料理を目指していたので、店のオープン前から日本酒とのペアリングは考えていました」

そして生江さんはこうも言う。

「日本の食材の素晴らしさを西洋人にわかってもらおうと思ったら、フランス料理というプラットフォームを使って食材の魅力を表現したほうがわかりやすいのではないでしょうか。フランス料理は、その歴史からいって最もユニバーサルなプラットフォームです。世界中で料理の喜びを表現できる。私は日本人の誇りを持ってフランス料理を学びましたから、生まれてくる料理も日本料理のテイストが香ることは当然だと思っています」

とはいえ、生江さんは国産の食材にだけこだわっているわけではない。国産よりもいい食材が新鮮な状態で最適価格で輸入できるなら、それを使うのは当然という。

けれど現状では野菜や魚、牛肉に関しては日本に素晴らしい生産者と流通業者がいるので、結果的に国産の食材を使っている。胸を張って「日本の料理のテイスト」といえる料理ができるのも、食材を通して生産者とのコミュニケーションがあるからだ。

生江さんに限らないが、昨今の料理人と生産者との間のコミュニケーションはかつてないほど活発だ。その先に、日本の食文化の未来像が見えてくるようなケースもある。

生江さんは、こんな生産者を紹介してくれた。

味覚より会話が通じるアルチザンたち

「レフェルヴェソンス」では、ランチもディナーもお客様にはメニューと一緒にもう一枚のペーパーも配られる。そこには「敬愛する素晴らしきアルチザン（職人）たち」と書かれている。

浅野悦男（エコファームアサノ・千葉）
ビーツ（ロング）、ネピテッラ、パンプルネル、紅クルリ大根、ナスタチウム、すくな南瓜、ペチカ、キャロット、ペンタス、紫人参、イエローキャロットミニ、
新倉大次郎（ニイクラファーム・東京）
小カブ、ラディッシュ、クレソンアレノア、ベルガモットオレンジミント、バジルレッドビーン、ハコベ、
梶谷譲（梶谷農園・広島）
オゼイユソヴァージュ、スイートリーフ、ひまわりの芽、アカザ、マイクロ小松菜、マイクロレッドオゼイユ、マイクロセロリ、マイクロマーシュ、マイクロコリアンダー、レッドデトロイト、レッドダンディライオン、等々。

一般には知られていないような、珍しい西洋野菜のオンパレードだ。ディナーのコースではメイン料理のあと、ランチのコースではパイ料理の皿に、これらの野菜を40～50種類盛った料理が必ず出される。基本的には生野菜の盛り合わせだが、苦みのある野菜には火が通っている。まさに日本列島全体を舞台に、西洋種の野菜も含めて、選び抜いた生産者の生産物を使っていることがわかる。このように、毎日7、8人の生産者とその生産物をお客様に紹介するのも生江さんの日課なのだ。

生江さんはその選択基準を、どのように考えているのだろうか。こう語る。

「野菜を仕入れる生産者さんを決める際に、私は生産物の味では決めません。スーパーマンではないので、生産物だけを食べてみてもどんな栽培方法をとられているかなんてわからない。まずは気になる生産者さんの農場を訪ねてみて、お話をさせていただいて、会話が成立する人とおつきあいさせていただくことにしています」

農場を訪ねてみると、その生産者が農法や環境や地域に対してどんなスタンスをとっているかが手にとるようにわかるという。話していくと、理想を語っていてもどこかで無理をしている生産者とは会話が貧しくなる。反対に、素晴らしい実践をしている生産者とは、丸一日話していても飽きることなく気づきの連続となる。そう説明したあとで、生江さんは言った。

「私がすごく懇意にさせていただいている生産者の一人に、千葉の浅野さんがいます。一度ご紹介しましょうか」

「敬愛する素晴らしきアルチザン」のトップに書かれていた生産者だ。いったいどんな農場を持っていて、どんなコミュニケーションをとっているのか。

さっそく訪ねてみることにした。

レストランのスタッフでありたい生産者

千葉県、四街道の駅からタクシーに乗り、指定された住所を目指すと、周囲は広大な畑が広がる光景になった。どこの畑でも、落花生とジャガイモが育てられている。運転手も「この辺の落花生は有名ですよ」と自慢げに言う。

ところが浅野さんの農場には、落花生とジャガイモが育てられている気配はない。

入り口には「シェフズガーデン」の看板と、夥《おびただ》しい数のレストランの名前が書かれた小さなボードがある。2・5ヘクタールに広がる畑には、何本もの畝《うね》がある。それぞれに違う作物が育っていて、「少量多品種生産」であることがわかる。のっけから、浅野さんはこう言った。

「自分がやっている百姓っていうのは、イメージとしてはアーティストだと思ってる。新しいものをつくるとか、新しいものに気づくとか、見えない未来をシミュレーションするとか。そういうことに興味があって、いま現実にあるものにはあんまり興味はないんだ」

この言葉には少し解説が必要だろう。浅野さんを紹介するときに、生江さんはこう語った。

「たとえば新しいフォアグラ料理をつくっているときに、付け合わせにカリンとサツマイモを使いたいのですが、カウンターで合わせる野菜は何かありませんか？　と浅野さんに相談するんです」

すると浅野さんからは、トレビス、ラディキュアンベンデミーヤ、ノコギリ草、ネピテッラなどはどうかという返信がくる。生江さんはそれらの味を想像して「ネピテッラの苦みをサツマイモの甘みに合わせるのはどうですか?」と返信する。

そうやって新しい味覚をつくっていく作業が、浅野さんとの間で交わされるという。

浅野さんは生江さんとのコミュニケーションをどう感じているのだろう。こう語る。

「生江さんは初めて出会ったときに、『ゴルフボール大のタマネギをください』と言ってきた。俺はそれに応えて、ノギスで寸法を測って、ゴルフボール大のタマネギを送ってやった。

そこからつきあいが始まりました」

初めて浅野さんの農場を訪ねた日。生江さんは無言のままに農場をじーっと見ていった。その姿勢に感じるものがあった浅野さんは、「次に来るときは店のスタッフを連れてきなさい」と言った。実際にスタッフを連れてきた2回目の訪問のときは、生江さんとは旧知の仲のようにいろいろ話が弾んだという。浅野さんはこう語る。

「俺は自分のことをレストランのスタッフの一員だと思っている。ここからレストランが始まっているんです。料理はストーリーだから、この農場から物語が始まって皿で完結する。それを表現できないシェフとはつきあえないということかな」

以降生江さんは、たとえばルッコラを注文するときは、「双葉が出て本葉が二度出たころの高さ10センチ程度のものを揃えてください」というように、細かな注文を出すようになった。浅野さんがそれに応えてルッコラを送ると、生江さんは完成した料理の写真をフェイスブック経由で送り返してくる。

「こういう皿を完成させるために使いました」

この情報のやりとりがあれば、次に別の野菜のオーダーを出すときにも、浅野さんにとっては料理人の意図がわかって応えやすい。

生江さんが驚くのは、浅野さんの生産物へのこだわりだ。

「たとえば葉タマネギをオーダーしたことがありました。すると午後4時に最後の宅急便の集荷があるそうなんですが、浅野さんはその時間に合わせて必要な分だけを収穫して送ってくれます。店には翌朝届いて、新鮮な状態で料理することができる。普通なら朝収穫して冷蔵庫で保管しているものなのですが、浅野さんはそこにこだわる。だから、浅野さんの野菜は無駄にはできないと気合いが入ります」

そういうコミュニケーションが繰り返される中で、新しい生産物、新しい料理が生まれてくる。まさに農場とレストランが一直線に繋がっている。美味しい料理の物語は土に埋まっている野菜から始まり、皿の上でハッピーエンドを迎えている。料理人と生産者のコラボレーションの、幸せな典型だ。

異業種とのコミュニケーションで育つアーティスト

70歳になる浅野さんの姿は、生江さんたちが企画した清里での「いただきます・プロジェクト」の中でもひときわ存在感を放っていた。浅野さんにとっては、あのフォーラムはどんな意味があったのだろう。

「あの会場には料理人もいたし他の生産者もいたしリンゴ農家もいたけれど、会って話してみればわかります。どんなことをやっているのかが。あの日は、陶磁器を焼いているという若者と知り合って、何カ月後かにその人からいきなり焼き物が送られてきた。驚いて『青木良太』という名前で調べたら、世界的に活躍している有名な作家だった。軽井沢の浜田くんがレストランで皿を使っているっていうじゃない。いい焼き物だと思って俺は言ってやったんだ。日本では出る杭は打たれるから、ニューヨークへ行け。向こうでどんどんやったほうがいいよって。ああいう奴は世界のほうが生きやすいはずだから」

このように「いただきます・プロジェクト」の目的の一つは、異業種の人同士の繫がりを生むことにあった。生産者と陶芸家が繫がることで、お互いに刺激を受けて、また新しい作品や野菜が生まれてくる。まさにアーティスト同士の交流が始まったのだ。

同時に浅野さんから青木さんへのアドバイスは、自分自身の半生を振り返ってのものでもあるはずだ。農家の跡継ぎとして生まれ、農業高校を中退して父親の畑の手伝いに入った。だが30代のころから、どうしても馴染めなかったものがある。

——なぜ丹精込めた収穫物の値段を自分で決められないのか。

当時の農業が抱えていた問題が解せなかったのだ。そこで浅野さんは、徐々に当時は珍しかった西洋野菜をつくって、料理人に直接使ってもらうルートを開拓し始めた。

「最初はアーティチョークなんかの苗を取り寄せてつくり始めたんです。そのうちフランス料理やイタリア料理のレストランブームがやってきて、料理人からこれつくってくれませんかと頼まれるようになった。3年かかって育てたものもあります。ヨーロッパと日本では気候、土壌、水質が違うから、何か一つでも合わせてやらないと育たない。水がポイントだと思って、水に牡蠣殻を入れてカルシウムを与えたんです。そしたら野菜が勘違いして育つようになった。これだと思いました」

それ以降、浅野さんは落花生とジャガイモの農業とは訣別した。農協とのつきあいもやめて、レストランへの卸し専門に切り換えた。農場には噂を聞きつけた料理人が引きも切らずにやってきて、望む野菜を注文していく。その野菜を育てる畝に「レストラン××」と書いて立てておくと、料理人はとても喜んでその野菜から素敵な料理を生み出すようになった。

そういう繰り返しの中で、多くのレストランもこの農場も一緒に成長してきた。浅野さんは料理人と生産者のコミュニケーションが大切だとわかっているから、生江さんのような若手のネットワークの登場が嬉しいのだ。

浅野さんの農場では、常に5年先の収穫を目指して5種類程度の新種を育成している。生産物が育つと、浅野さんは「こんなのできたけど、どうだい?」とフェイスブックに写真をアップする。

生江さんもまた、そんな浅野さんのチャレンジングな生き方に共鳴している一人だから、そういうものは必ず仕入れるようにしているという。生江さんはこう語る。

「たとえば『紫色の白菜をつくりました。誰かチャレンジする人はいない?』とフェイスブックにアップしてきたことがありました。紫の色はアントシアニンだから、水に入れて火を入れていくと流れてしまいます。究極に早く火で炙るか、真空調理で空気に触れさせないで調理するか。瞬時にいろいろな料理方法を考えるのが楽しいんです。浅野さんに刺激されてみんな新しい料理を考えていると思います」

料理人は極限まで芸術家に近い存在でありながら、芸術家であってはならないというのが私の持論だが、このように生産物を媒介としてアーティスト同士が刺激し合えば、そこには新しい価値が生まれてくるのは間違いない。

料理人を中心に、異業種の人間を巻き込んだネットワークと、それを生み出すコミュニケーション力。

料理人と生産者が同じ方向を向いて語り合う大切さ。

そのネットワークがしなやかに広がっていくとき、この国の食文化も、より豊穣になっていくことは間違いない。

第八章

情報を受信し、「発信する」力

SNS時代の料理人たち

フランス人シェフの英語でのスピーチ

前の章で紹介した「レフェルヴェソンス」の生江シェフのフェイスブックに、ある記事があげられている。ミシュランの3つ星に輝いたフランス人シェフが、デンマークの首都コペンハーゲンで英語でスピーチしたものを、生江さんが和訳したものだ。

生江さんは、自らこう記している。

「今年（2014年）の夏に、聴衆として参加したシンポジウム『MAD in Copenhagen』。そのなかで、慣れない英語で気を吐いた、フランス料理界の巨匠オリヴィエ・ロランジェの言葉が耳から離れずにここに書き記そうと（思います）。

『親愛なる若き料理人たちへ～世界のすべての街角の』

映像全部を翻訳したかったのですが、体力的限界にて、開始24分付近から最後までを抜粋」

生江さんは世界中の料理人が集まるシンポジウム「MAD」に日本人料理人としてただ一人招聘され、そこでまえがきでも触れたロランジェのスピーチを聞いてきた。それに感動して、帰国後、ホームページにアップされたその講演の記録を和訳して紹介したわけだ。このときロランジェは、世界62カ国・約500人のシェフの代表として、会場を埋めた料理人やホームページを見てこのシンポジウムの内容を確認するであろう世界中の料理人に向かってスピーチをした。生江さんのフェイスブックから、その内容をご紹介しよう。

「あなたがたに私の信念の2、3についてお話しします」

ロランジェは、「私の哀れな英語レベルにもかかわらず」と前置きして、こう語り出した。

「今日、『料理』は世界的に重要な題材です。そして社会において、経済問題や環境問題においての、分岐点に位置しています。

私たち、特に（若い）あなたがたはこの重要な時代の役者です。これらにおいて、シェフはより良い未来のために、世界に影響を与えることができます。

1　我々は生産者自身から、直接買いによって富の分配を変えなければなりません。

2　我々は生産過剰によって自然破壊が起きないように、影響しなければなりません。

3　我々は動物の種の生物多様性の維持に影響しなければなりません。

4　我々は果物と野菜の生物多様性の維持に影響しなければなりません。

それらの全てのことに加えて、地球上のあらゆる文化のお互いの違いを認め合うことに、力を尽くしていきませんか！」

ロランジェは、もともと料理人の中でも哲学的な要素の強いシェフだった。以前からこういう内容のことをフランス国内でも語っていたが、生江さんにとってはコペンハーゲンでの出会いが初対面であり、しかも英語で語ったことでよりインパクトが強かったのだろう。

帰国後、一人でも多くの日本人料理人にその内容を知ってもらいたいと考えて、あえて自分で訳してフェイスブックにアップしたのだ。

２０１４年の夏といえば、７月には前の章で紹介した「いただきます・プロジェクト」が開催されたときだった。二つのイベントは、ほぼ同時に開催されたといっていい。両方に参加した生江さんにとっては、二つのイベントで期せずして同じように「多様性の尊重」「自然保護」「格差の是正」といったテーマが語られたことが印象的だったはずだ。

つまり日本も世界もなく、今日の食文化の世界では同じような課題があり、料理人には同じような社会的使命が課せられていることを示している。

ロランジェのスピーチはこう続く。

「シェフは、世界をより良くしようとする全体的な役割の中で、自分たちの各々の地域の環境も維持し、育んでゆかなければなりません。我々全員は、伝統かあるいは『前衛』という方法を通じて、土地を反映し、誠実さを持ち、信用性の高い料理の旅路に人を誘うことに責任を持っています」

ロランジェは、まず料理人と地域の関わりを語っている。本書で見てきたように、北海道の中道さんや齋藤さん然り、福島の萩さんや白石さん然り、星野リゾートの星野さん然り、料理人、生産者、観光業従事者にとって、自分たちが生活する「地域」の魅力探しは永遠の命題だ。そこで生まれる食材、そこに伝わる伝統文化、そこで行われる祭事等々の中にこそ、人を誘う魅力がある。

ロランジェは、それを「誠実におこなえ」と語っている。

次にロランジェは、生産者との連携を語る。

「人類のパントリー（貯蔵庫）である自然、特に海について、魚介類を保護するために、我々は地球上の生産者、養殖家や漁師と賛同しなければなりません。我々はフェアトレードを支えなければならなくて、知識を高めなければならないし、廃棄とも戦わなければなりません」

生産者との連携――これも世界的な課題だ。ことに日本では、第一次産業の悲鳴が長く聞こえている。第三章で紹介した「東北食べる通信」の高橋博之さんが語ったように、生産者と消費者の間を取り結ぶ存在として、料理人や食の関係者の役割は大きい。

　これまでは農協や漁協といった存在が流通の根本に存在していて、生産者と消費者が顔が見える関係になりにくかったが、「食べる通信」のような取り組みが各地で起こり、徐々に改善されつつある。その中で、フェアトレードが実践されたり、CSA（コミュニティ・サポーテッド・アグリカルチャ）のようなビジネスモデルが現れて、生産者と消費者の結びつきがより強固になることが、今後の課題だ。農協も漁協も新しい流通スタイルを模索しているから、今後はよりよい環境になっていくと信じている。

　最後にロランジェはこう結んでいる。

「我々は全員で世界のあらゆる料理と、もてなしの多様性を守り、そして高めていかなければなりません。それらは、人として生きる上での無形なる人類の遺産です。

　政治なんかよりも、世界中の料理人たちは、人々がより良く食事するための人類の動きに加わらなければなりません。

『料理とはなんだろう?』

　政治が責任を決してとらなくなり、さあ、我々料理人の出番なのです。

　我々がより人間的で、より公平で、より健康的で、より多くの喜びや幸せのあふれる世界を築いてゆくとても大きな機会なのです」

ロランジェが基調講演を行ったこのシンポジウムは、デンマークの首都コペンハーゲンで行われた。第四章で「ガストロ・ディプロマシー」という取り組みを紹介したが、国家戦略として食文化に力を入れている北欧の実力が、ここにも見られる。こういうアピールを世界に発信していくことが、自国の食文化を鼓舞することになるし、世界での存在感をアピールすることにもなる。

生江さんは、デンマークにある「ｎｏｍａ」のシェフ、レネ・レゼピの招聘でここに参加したという。そこにはあとで述べるような別の意味もあるのだが、生江さんが大切にするネットワークの力が、ここに繋がったといっていい。

英語が共通語

この会でのロランジェのスピーチを見てもわかるが、いま多国籍の料理人が働くガストロノミーの世界では、本国フランス以外では英語が共通語になりつつある。フランス以外の国の多国籍の料理人たちは、フランス料理の調理場内でも英語で会話するようになった。それゆえフランス人の料理人も、国外に出れば英語で話すことが増えている。

このことは何を意味しているだろうか。

私は、各国の「地域性」が語れるようになったことが大きなポイントだと思っている。つまり、生江さんのように「フランス料理のプラットフォーム」を用いて仕事をする料理人たちが、政治や経済、文化、スポーツの世界で共通語として使われる英語を使うようになったことで、世界の食の多様性を発信できるようになったのだ。

「ｎｏｍａ」に日本を伝授する

生江さんが「ＭＡＤ」に招かれたのは、実は「ｎｏｍａ」のシェフのレネからある頼まれごとをしていたからだった。

「２０１５年に日本で行うフェアのために、日本の食材を紹介してほしい」

それがレネからの依頼だったという。

まえがきにも書いたが、２０１５年1月9日から2月14日まで、日本橋のマンダリン・オリエンタル・東京で行われた「ｎｏｍａ」の料理フェアのスケールは前代未聞だった。シェフのレネは、コペンハーゲンの店を閉めて日本にやってきた。

これまでにも世界的に有名な3つ星や2つ星レストランのシェフが来日して料理フェアをやることはしばしばあったが、本店を休んで全従業員を連れてくるというようなことはなかった。たとえていえば、パリのオペラ座のバレエ団や、ベルリン・フィルハーモニー管弦楽団が東京で1カ月公演をするようなものだ。

しかも、レネは来日半年以上前から自身やスタッフを毎月日本に送り込んで、魅力的な食材探しを日本各地で行った。つまり、生江さんの言葉を借りれば、「レネの料理哲学のフレームワークの中で日本の食材、あるいは料理文化を表現する」ことを狙ったわけだ。

私がそのフェアで体験したのは、こんな内容の料理だった。

皿の中でまだ飛び跳ねるほど新鮮な北海道産ボタン海老に、長野の蟻をあしらった一皿。コペンハーゲンの蟻は香草の香りがするというが、長野の蟻は山椒の香りがするとサービスマンは解説してくれた。蟻酸には、海老のねっとりした甘みを引き立てる酸味があるといわれている。

アンコウの肝を液体窒素で凍らせて削り下ろした一皿。舌の上であっという間に溶けていくが、アンコウの風味が口の中に残る。

「ｎｏｍａ」流イカソウメンともいえる甲烏賊《こういか》の蕎麦。細切りされたイカには発酵させたイカ墨が塗られてある。出汁は昆布とヨーロッパの松の葉からとったもの。そこに石垣島のバラの花弁が浮かんでいる。

青森産の淡水の生シジミのタルト。約40個の生シジミの下には長野産のワイルドキウイと海藻のジュレが敷かれている。シジミとキウイには渋みが強いので、合わせる酒には千葉、寺田本家の無濾過自然酒「醍醐のしずく」が使われた。

コースでは、このような料理が16皿続いた。レネは日本全国の貴重な食材を発掘して使いながら、その料理哲学や「ｎｏｍａ」のスタイルを１ミリも崩さずに、私たち日本人からすると極めて独創的な食材の組み合わせ、刺激的な味付けの料理を展開した。

その刺激を受けながら、私は改めてガストロノミーというものの意味を考えた。美味しいとか美味しくないという生理的な現象よりも、この料理は頭脳を刺激する。改めて日本の食文化の中での発酵の意味や技術を考える。日本の食文化というプラットフォームで世界の料理人がその哲学を表現するという、まさにこれこそガストロノミーの饗宴だった。

この料理を食べた銀座のとある懐石料理店の女将は、いかに料理人が料理に気持ちを込めて表現するか、その気持ちを受けとめてあげることこそが美食なのだという。料理人は本来、それぞれの国、地域、郷土性を敬愛し、その食文化を表現するものだ。と同時に、それぞれの国には、長年培ってきた技術と伝統の継承がある。レネの場合、自分の愛する北欧と、同じように長い伝統を持つ日本の食文化とのふたつの異文化のシナジーを生みだそうという試みであった。

これからは、こうした異なる食文化圏の融合が、ますます盛んになるだろう。このことに取り組む料理人たちには、それぞれの食文化に対してリスペクトし、理解し、融合のための創造力を磨き上げる責務が生じるだろう。

総じていえば、今回のレネの試みは「小説」というよりは「詩＝ポエム」だった。叙述的な料理ではなく感覚的な料理だったから、食べ手がそこから何を感じるか。この体験がその人の記憶の中でどう発酵していくか。それが試されていると思う。

評価されるべきは、いままで日本にやってきた数多《あまた》の料理人の誰よりもレネは日本の食材に敬意を表し、具体的に足を使って全国を歩き回ったことだ。北は利尻の昆布から南は石垣島のバラまで。そこで得た知識や体験は今後もレネの中で発酵し、意外な調理法を生み出すかもしれない。楽しみだ。

グローバルなネットワークに

これらの食材の調達のためのコーディネイトを担ったのが、生江さんやその仲間たちだった。生江さんはこう語る。

「レネは日本の料理人のリサーチをかけて、ぼくに声をかけてきました。毎月のように来日するレネやスタッフにボランティアで対応して、日本中を回りました。もちろんぼく一人ではどこにどんな食材があるかわかりませんから、『いただきます・プロジェクト』を一緒にやった軽井沢ホテルブレストンコートの浜田さんや、青森『ダ・サスィーノ』の笹森さんらに各地の食材の紹介をお願いしたんです。まず日本列島はどんな地形で、どんな自然環境なのか、森と海の関係をわかってもらおうと思って青森の白神山地にも連れて行きました。そのときは笹森さんがアレンジしてくれました」

料理人たちが国内で築いたネットワーク「いただきます・プロジェクト」は、レネの登場によってグローバルなネットワークに繋がった。もともとネットワークの世界にボーダー(国境)の概念はないのだから、むしろ当然のことだ。

レネのためには、千葉の浅野さんも特別な食材を準備していた。すでに浅野さんの生産物は、日本でフェアを開いたアラン・パッサールやピエール・ガニェール、ミシェル・ブラス等も使っていたから、浅野さんは国内よりもむしろ世界でのほうが有名なくらいだ。

こうして見ると食文化の世界では、国境などは楽々と越えて、グローバルな規模でネットワークが築かれコミュニケーションがとられている。味覚には言語ほどの差異はないから、万国共通の「美味しい」という概念を共有することができる。そこから生産者から料理人までを巻き込んだ巨大な料理潮流が生まれ、ロランジェのいう「地域を反映した料理」「旅人を誘う料理」「生産者とのフェアトレード」「食文化の多様性」等が目指されている。

ロランジェは、「政治が責任をとらなくなったから料理人の出番だ」と鼓舞しているが、その言やよし。広く食に関わるプロたちが「より人間的で、より公平で、より健康的で、より多くの喜びや幸せのあふれる世界を築いてゆく機会」をしっかりと見据えた先に、日本と世界の未来はかかっている。

情報の発信と受信を同時に

その世界的なネットワークを考えたとき、私には忘れられない言葉がある。

「私にとっては２００４年の11月、スペインのサン・セバスチャンで料理学会が行われたときに、『エル・ブリ』のシェフ、フェラン・アドリアが語ったスピーチが忘れられません」

そう語ったのは、第四章で紹介した「龍吟」の山本征治さんだった。

「フェランは、店を何カ月も閉めて、何億円もの予算をかけて研究したレシピや料理のプロセスを、全て公開したいと言ったんです。それは料理界全体の底上げのためです。その言葉を聞いて、私はこれからはこの人と戦っていこうと思いました。早く日本に帰って、料理界に少しでも役に立つようなことを実行しようと思ったのです」

山本さんは、料理を医学にたとえるのが好きだ。インタビューの中でも、よく医療を例に出して解説してくれる。このときはこう語った。

「医学の世界だったら、新しい治療法を発見したり新しい技術が生まれたりしたら、すぐに学会で発表するでしょう。世界に公表して、一人でも多くの患者さんを救おうとする。ところが私たち料理界では、ことに日本料理の場合はすぐに『秘伝』なんていって門外不出みたいなことにしてしまう。なぜこの料理法が美味しいのか、なぜこの食材とこの食材の組み合わせがこんなに美味しくなるのか、もっと美味しくなる組み合わせはないのか、そういうことをみんなで話し合ってより豊かな世界を築こうと私は思っています。サン・セバスチャンではフェランの言葉を聞いて涙が止まらなくて困りました。あれが私の一つのエポックになっています」

第四章で話した「龍吟」のホームページで紹介されている、山本さんの素晴らしい料理技術をＹｏｕＴｕｂｅを使って発信する理由は、ここにあった。フェランが実践している「情報公開」を自分も実践しようというのが、技術公開のモチベーションだったのだ。山本さんは続ける。

「世界では、料理でも何でも、自分のオリジナルを真似されると喜びます。それだけ価値を認めてくれたことだからです。医学の世界もそうです。素晴らしい技術が生まれたら、すぐにそれが世界に広がっていく。

ところが料理の世界ではそれが難しい。なぜなら共通言語がないからです。たとえば日本料理にある『活け締め』という言葉がフランス語や英語にない。もちろん解説することはできますが、言葉がないということは技術がないということだから、その背景から説明しているうちにスピーチの時間が終わってしまったりする。

だから日本人は技術は凄いけれど情報発信力がないといわれるのでしょう。ヨーロッパに行くと、誰もが自分のオリジナルな技術をこれでもかと主張してきます。個性重視なんですね。そこに発想の違いがあると思います」

確かに山本さんの言う通りだ。国内でも、和食をテーマにしたシンポジウムは少なくないが、世界から大物シェフを招聘したとしても、その情報やそこで生まれた新しい概念を世界的に発信しなければ価値が伝わらない。

情報は受信するとともに発信しなければ意味がない。発信することで新しい情報の受信に繋がり、受信することで新しいアイディアが生まれてくる。

この第三部で語ってきた食のプロたちのコミュニケーション能力を使って、その情報の流れをより速く太くすること。情報発信力と受信力の質と量が、今後の日本の料理界には問われてくると思っている。

ホームページでの情報発信のことを山本さんに聞いていると、最後にこう答えてくれた。

「実は私の店では世界中から研修生がやってきています。これも2005年から始めましたから、もう何百人もが研修を終えて母国に帰って料理人になっている。彼らに対してぼくは自分が開発した技術や新しい技術を伝えていきたいんです。そういう意味では、OBのための情報発信でもあります」

つまり山本さんは、単に情報を世界に発信するだけでなく、人材の面でも世界的な規模で「育成」を行っていることになる。

ことに日本料理の分野において、世界的な料理人の育成は全く遅れていたことだった。いったい山本さんはどんなふうに料理人の育成をしているのか。他の食のプロたちは、若者たちの育成をどう考えているのか。

最後の第四部は、そのことを語っていきたいと思う。

第四部　未来を担う人材を「育てる」力

第九章

育てた人材を地域に「還元する」力

人材育成でチャレンジを続ける新世代たち

代々木八幡に出店したわけ

小田急線の代々木八幡駅は、都心にあっては少し異質な駅だ。駅がカーブしていて、列車は各駅停車しか停まらない。駅を降りても、大規模な商業ビルが見当たらない。近くに地下鉄千代田線の駅もあるのだが、派手な商店街があるわけではない。歩いて数分で代々木公園やＮＨＫがあり、緑は豊富だ。公園に沿って高級住宅街も広がっている。渋谷の繁華街にも徒歩圏内だが、若者たちがこちらに押し寄せてくる気配はない。あまりに落ち着いていて、これ以上チェーン店や大規模店の新規出店は想像しにくいエリアなのだ。

その駅から徒歩3分、路地を曲がったところに「３６５日」というパン屋さんがオープンしたのは、２０１３年の暮れのことだった。

私がその店を訪ねたのは、オープンから1年が経とうとしていたころのこと。午前中の早い時間だったが、10坪余りの店内は焼き上がったパンの香りで満ちていて、多くのお客様で賑わっていた。店内には6席の小さいカウンターもあり、そこでコーヒーを飲みながらパンを食べている人もいる。

ショーケースには多くの焼きたてのパンが並んでいることはもちろんだが、壁際には食関係の本も売られている。チーズ、コーヒー、オリーブオイル、卵、野菜等も商品として並んでいる。自家製の惣菜もある。

客層を見ると、犬を連れて散歩の途中というような人から、この店を目当てに電車に乗ってきたという人まで。外国人もいるし、遠方からのお客様も珍しくないという。

何より驚くのは、この店はオープン直後から各種料理雑誌のパン特集の常連となり、さまざまな角度で取り上げられる人気店になっていることだった。

この店を経営しているのは、杉窪《すぎくぼ》章匡《あきまさ》さん。１９７２年生まれの42歳。ここで独立する前は、青山にある「デュヌラルテ」というパン屋のシェフとして腕を振るい、入店当時は年商５０００万円程度だった店を約２億円にまで引き上げたという実績を持っている。

なぜこの街にこのスタイルの店を出すことにしたのだろう。杉窪さんはこう答えた。

「町場のパン屋にとって怖いのは、駅ビルができることとです。大きな商業ビルができて大手のチェーン店が来たら、脅威になります。その点代々木八幡は、駅ビルができる可能性は極めて低い。しかも独り暮らしの人や高所得者も多いので、日常的に美味しいパンを欲しているお客様も多い。だから独り暮らしの方用に、パン・ド・カンパーニュ等も小型にして焼いています。店のコンセプトはセレクトショップです。パンは食の中核だから、テーブルの真ん中にあってワインや料理やチーズを取り結ぶもの。その思いを込めて、いろいろな食材や料理本、調理道具まで揃えてみました」

なるほど理に適《かな》った経営理念だ。店が評判なのも頷ける。

ショーケースがコの字型に並ぶ奥には、二つの調理場が並んでいる。25度に保たれた常温スペースと、18度に保たれたパイルーム。表のサービスも含めて、7、8人のスタッフが忙しそうに働いている。

現在杉窪さんは、この店とは別に「ウルトラキッチン」という会社をつくり、全国に3店舗プロデュースしている。東京・向ヶ丘遊園の「セテュヌ・ボンニデー」、名古屋「テーラ・テール」、福岡「ブルージャム」。4店舗を合わせると、約25人のスタッフがいるという。

驚くのは、人材面でいうと、それらの店舗から一人も脱落者がいないことだ。杉窪さんの経営のセンスはいたるところに光っているのだが、その人材育成の面だけでも、私には興味深いものがある。

店が急成長するということは、人も育っていかなければ基礎が崩れる。まして杉窪さんは日本中を飛び回っているわけだから、仕事を任せられるスタッフの存在は必須だ。

いったいどうやって人材育成をしているのだろうか。私が尋ねると、杉窪さんはまずこう答えた。

「ぼくはどんな子でも育てる自信があります。よその店で弾かれた子でも再生してまともな職人にさせられると思っている。人を採用するときはまずは面接から始めますが、ぼくは人を選ぶのではなくて、その子の考え方を変えてあげる作業から始めます。いま店に入りたいといってくる10代後半から20代の子はぼくらとは受けてきた教育が違うから、自己責任という概念がない。全てレールを敷かれていて、その中でがんばればいいと思っている。だから経営者としてのぼくは、10年後、20年後を見据えてレールを敷いてあげて、その中で自立を促していくことが大切だと思っています」

面接を行うときは、最低でも1時間はかけてその子が働いてきた店のことや学んできた環境等を聞き出すという。ほとんどの子が、どこに進むべきか道に迷っている。他のパン屋で働いていて悩みにぶつかって、面接に来た子もいる。

そういうケースでは、杉窪さんは常に業界内の情報を集めているので、その店のやり方とその子の考え方の齟齬、矛盾等を諭していく。なぜその店で続かなかったのか。どうやればよかったのか。それらを語っていくとずばずば当たるので、自然とその子は杉窪さんの前で素直になるという。

「もちろん面接に来た子を全て採用できるわけではありません。この子は採れないなと思ったら、逆に2時間かけていろいろ話して、なぜ君がいままで駄目だったかを説明してあげる。そうやって少しでもその子が変わるきっかけを与えたい。そういうことを心がけています」

なるほど人材面でも素晴らしい経営哲学を持っている。若者には過度な期待をしない。期待しないけれど「変えてあげる」という熱い情熱を持っている。また「365日」では労働時間の短縮にも取り組んでいる。夏と冬には1週間の長期休暇も用意して、スタッフたちが他店に修業に出たり生産者のもとを訪ねたり、勉強ができる時間を確保したいと考えている。現在の経済環境を考えれば、人材育成面でもチャレンジングな経営者なのだ。

人材人事面での新世代感覚

杉窪さんだけでなく、40歳前後のシェフや経営者たちと話していると、人材育成や人事面でも従来の飲食業の経営者と大きな違いがあることを感じる。私は教育界に身を置く人間なので、飲食関係に進みたいという若者たちが、将来のキャリアアップをどのように描けるかが、今後大きな課題だと思っている。

たとえば「レフェルヴェソンス」の生江さんは、「スタッフとは終身雇用制を結びたい」

と発言している。従来のレストランの調理場において、終身雇用という発想は、まさに画期的だ。こう考えているという。

「一度切り結んだ関係を断ち切ってしまうのではなく、長いスパンでつきあいながら研鑽していきたい。いままでは数年間働いたら海外や他店で経験を積むということもあったけれど、技術やマネジメントが自分の店でいろいろ経験できれば外に行く必要はなくなる。うちの店で全てを学べる環境をつくろう」

理想論ではなく、そういう実践ができるなら、若い料理人にも、いま以上に働きがいを感じてもらえるだろう。

星野リゾートの人事評価制度の中には「ピカソ職」というカテゴリーがあるという。たとえばボキューズ・ドールの日本代表になった浜田さんや中洲さんは、このピカソ職だ。星野さんが言う。

「我が社には人事評価の細かな指標があるのですが、全ての人にそれを当てはめてしまうと特別な技能を持った人に限ってバランスが悪くなりがちです。そういう人材が評価が上がらずに、結果的に辞められるのが一番痛いので、社内にピカソがいたらどうしたかなと考えました」

彼の意図する「ピカソ職」とは、もちろん類いまれな料理ができる人材ではあるが、それは、社内においてコミュニケーションがとれ、料理を言語化でき、議論もできる能力を持っていることが大前提のはずだ。そのことを踏まえた上で、その「ピカソ」一人の料理の力によって、お客様を呼び込むことができる、そんなとてもない才能を持った料理人。それが「ピカソ職」なのだ。

国内外にリゾート施設を展開するに当たって、「各地の魅力を発見する」ことをテーマにしている会社らしく、人材においても「その人らしさ」を尊重する人事制度だ。社員の魅力や能力を最大限に引き出すためには、その人に合った評価基準が必要である。

あるいは前の章の最後に書いた「龍吟」の山本さんは、２００５年から海外からの研修生を毎年6、7人受け入れている。もちろん現状では観光ビザで入国する以外方法がないから、調理場に入れるのは3カ月まで。給料も出せない。その代わり山本さんは彼らのために無償で寮を用意して、寝泊まりできるようにしている。こう振り返っている。

「欧米から来た子たちは、調理場でいつも温度計を持って、何度で火を入れているかを計っています。炭火で焼いた魚の温度が昨日と今日で違うけれどなぜだなんて聞いてくる。そういうときに私は言います。日本料理の技術は、常に一定の温度で焼くことを求めているのではなくて、常に美味しいことを求めている。日によって気温も湿度も違うし、素材によって身の厚みも違う。火の温度は違っても、その日その素材の最も美味しい火入れをすることを日本料理というのだと」

山本さんのもとには毎日のように世界中から研修依頼のメールが飛び込み、3カ国語程度を使ってスカイプでの面接も行われるという。日本の飲食業界は、かつてフランス料理界やイタリア料理界では若手が現地に研修に出て、本場の技術や食材、サービスの実態を学びながら成長してきた歴史がある。いま日本料理が世界で脚光を浴びているなら、今度は日本人がその恩返しをするのは当たり前だと山本さんは考える。その結果、約10年が経ったいまでは世界中に研修経験者がいるから、山本さんはどこの国に行っても、空港までお迎えが来てくれるそうだ。

山本さんは、政府の重鎮が来店したときに、このことを話したという。第四章で記したように、「日本料理は国技」というのが持論だから、相撲同様、海外からも研修に来たい子がたくさんいる。政府としても、その対応を制度化してほしいということを訴えた。あるときは政府に呼ばれて、政治家や役人の前で持論を述べたこともあるという。

政府は２０１３年に、国内の調理師専門学校の外国人留学生は卒業後、２年間は日本に滞在してレストランの調理場で働くことができるという制度を整えた。いくつかの条件付きなのだが、外国人料理人の人材育成という意味では、一つの進歩だとは思う。

だが人事面の問題は、国内にも山積している。

もう一世代上の経営者たちは、「職人の世界で労働環境改善なんて甘いことは言うな」という態度の人も少なくない。その結果、低賃金、長時間労働、劣悪な労働環境の現場は当たり前で、「昨今の若者は挨拶もできない」と歎《なげ》くオーナーは多い。

こういう声に対してどう思うか。杉窪さんに問うと、反応は鋭かった。

「いまの若者は駄目だなどというのは、無能な経営者の証拠です。そう考えること自体が間違っている。人材がいないというのは経営者が悪い。自分で育てていないからです。私は、そうならない自信があります」

この自信はどこから来るのか。杉窪さん自身、どんなふうに職人としての技術を身につけてきたのか。まずは彼の来歴を振り返ってみたい。

自分で勉強していこう

杉窪さんは石川県能登の生まれ。父方、母方ともに祖父は輪島塗の職人という家に生まれた。高校に入学してすぐに、とある事件から中退してしまう。その後料理人を目指して、大阪の辻調理師専門学校に入学した。こういうケースで入学してくる学生は、けっして珍しくない。ここからどうやって料理へのモチベーションをあげていくかがポイントなのだ。

在学中、とあるトップシェフの調理場の様子をビデオで見せられて、杉窪さんはショックだったという。そのビデオの中に、シェフが１００度にも熱した皿を「気合いで持て」と言って、若い従業員に素手で運ばせているシーンがあった。

——日本のトップはこういうことをやっているのか。

以降杉窪さんは、誰かに学ぶのではなく自分で勉強して成長しようと覚悟を決めたという。この例に限らず、現在の飲食業界の重鎮たちの世代は、根性論で若者たちを指導しようという傾向が強い。自分もそういう環境で育ってきたから、同じでいいと思っている。

だが考えてみてほしい。このビデオがつくられた当時はバブル景気のピークだった。料理人もサービスマンもソムリエも、成功したら有名人となり、支店も次々と出せた時代だった。つまり、どんなに辛くても修業時代を我慢すれば、大きな成功がつかめる時代だったのだ。

ところが前の章で記した生江さん然り、杉窪さん然り、70年代に生まれた彼らは、社会に出るときはバブル景気は崩壊していて、一流企業でも倒産する時代になっていた。生産よりも消費が上回っていた時代は終わり、店にあふれていたお客様も少なくなった。この時代、社会に出る若者たちの価値観は大きく変わった。根性モデルの修業とは一線を画して、自分で納得したやり方で学びたいとする傾向が強まったといっていい。

少なくとも杉窪さんは「前の世代の言いなりでは駄目」だと思った。だから自分の修業のコースも、自分なりに考えて決めていった。

「ぼくは高校中退ですから、まずは社会的な信用をつけるために調理師学校卒業後は大阪市内の大きなお菓子屋さんで4年間働きました。そのとき関西中の菓子店を食べ歩いて、その後一番美味しかった神戸の『ダニエル』に転職しました。そこで大きな転機がありました」

その店は、多くの食材は産地から直接届き、一口食べれば他店とは明らかに違うとわかる良質な食材を揃えていた。イチゴ大福に使うイチゴは、朝摘みのフレッシュなものを使っている。早朝6時から深夜10時までの労働は当たり前で、年間で10人はクビになるほど従業員には厳しかった。その店のレベルに杉窪さんはついていくことができずに、クビの候補といわれてしまったのだ。そのとき考えた。

「あのとき先輩に聞きました。ぼくはどうしたらいいでしょうか？　って。このまま行ったらクビになってしまうのは明白でしたから。すると先輩はひと言『素直になってみれば』って。ぼくは即座に言いました。『わかりました、素直になります』と答えて、そこから働き方をガラリと変えたんです」

それまで杉窪さんは、お菓子を自分でつくりたい一心だった。けれどその気持ちを封印して、調理場の掃除、片づけ、洗い物、先輩のアシスト等を率先してやるようにした。もちろんそれだけでなく、深夜家に帰ったら3時間は製菓関係の本を読み、理論を身につけた。休日は必ず食べ歩き、自分の味覚も鍛えた。先輩や師匠のいうことを全て聞き、見るもの聞くもの、全てが仕事に結びつくようにした。

ちなみにいま「365日」では、調理場に入る扉に「STAFF　365日、24H」と書かれている。その意味は、「映画を見ても本を読んでも人と話していても、一年365日24時間、全てが仕事に繋がる覚悟がない人は入るべからず」の意味だという。自分の転機と修業経験が、いまの人材育成に生きているのだ。

その店で1年が経とうとしていたとき、阪神・淡路大震災が起きた。杉窪さんはこれを機に東京に出た。このときはもう「3日でその店の仕事は全て把握できる」というほど技術も考え方もレベルアップしていたという。こう振り返る。

料理は化学反応だ

「東京に来てからは、自分はプロとして雇われているんだから人に教わるなんてありえないと思っていました。教わるのは研修生です。プロは、技術は本を読んだり人から盗んだりして身につけるもの。ぼくは他力本願で人生を送ることは考えなかった。理論を言語化して理解すること。化学反応の起こし方を自分でコントロールできること。それらを自分で身につけていきました」

このころ杉窪さんが意識したのは、食材の理想的な配合を、卵の数や牛乳の量という食材単位ではなく、タンパク質や水分といった成分に分解して把握することだった。たとえば、卵1個と牛乳1本の中に「タンパク質が何g、水分が何mlあるか」を考えながら配合して、理想の味をつきつめる。

どの配合が最も美味しいのか。杉窪さんは上京して最初に入店した「メゾン・ド・プティ・フール」という店で、閉店後に残って自分で食材を買って来て、自分の理論を確かめる実験を繰り返した。理想の味、理想の食感、理想の形ができるまで、配合を変えながら実験を繰り返す日々。杉窪さんは理論を身につけることの大切さについてこう語る。

「調理するということは二種類のことを指していると思います。一つは美味しいものをつくるということ。もう一つは食材の化学変化を起こすということ。単純にいえば、類まれな味覚を持っていてしっかりとした理論を持っていたら、明日からでも美味しいものをつくれるとぼくは思っています」

この研鑽を通して、杉窪さんは理論を言語化できるように努力した。

たとえばガナッシュをつくるとき、バターを乳化させてチョコレートと合わせる方法と、生クリームにバターを入れて溶かして合わせる方法がある。それぞれにメリット・デメリットがあるのだが、その違いを言葉で語れないといけないと考えた。バターが分離した状態で混ぜるのか、乳化した状態で混ぜるのか、それによって完成したガナッシュの食感が変わる。舌の上でのとろけ方も違うから、飲み物との相性も変わってくる。

そういう製法の違いも、狙ってやれなければプロではない。新しいやり方や、業界の流行りのやり方をなぞるだけで満足していてはいけない。

さらに杉窪さんは、この後2年間フランスに渡って「ストレール」、「ペトロシアン」、そして「ジャマン」でパティシエとして研修を経験した。誰のどの技術が素晴らしいのか、現地で再確認することで自分の理論に磨きをかけた。

同時に、フランスの製菓業界の現状もつぶさに視察してきた。

「フランスでも製菓は間違った方向に進んでいると思いました。製菓は砂糖の性質を生かした調理法だったはずなのに、いまはゼラチンとか添加物を使った調理法になってしまっている。こういうところは学ぶ必要はないなと思いました。それで製菓の世界からパンに移ったのです」

この判断の正否はともかくとして、杉窪さんの決断の早さには驚かされる。

帰国後いくつかのパティスリーに勤めながらも、理論と化学変化の考え方は変わらなかった。わずか1年の修業で杉窪さんはパン屋のシェフになった。日本という食文化環境の中で美味しいフランスパンを焼くことに、誰よりも注力した。日本でフランスのように美味しいフランスパンを焼くのは難しいという声には、こう断言する。

「製菓も製パンも、単純に食材同士の化学反応をコントロールする技術なので、そこに深いものがあるとは思いません。フランスのレシピをそのまま日本に持ってこようとするからうまくいかないだけで、自分で化学反応をコントロールすればいいだけです。日本は湿度が高いからという人がいますが、それは理論がない人が言う言葉。湿度という言葉を使うパン職人をぼくは信用しません。勉強不足で知らないことが多いから、湿度の違いを理由にしているだけです」

技術に関する杉窪さんの見解は、厳しい。ブレがない。店には、その言葉通りの高水準の商品が並んでいる。20代で相当な研鑽を積んだ者にしか語れない言葉だ。

さらにこのころ、杉窪さんはもう一つ、覚悟を決めたことがある。

それは、「将来はシェフになる」ということ。こう振り返る。

「ようするに指揮者になるということです。楽器の演奏が上手である必要はない。技術が必要なら、それを持っている人を雇えばいい。シェフは、絶対的な味覚と理論を持っていれば、技術は平均点で十分だと思います。演奏家に最大限の力を発揮させるのが指揮者です。人を使う技術を磨いたほうがいいなと、20歳のときに思いました」

以降杉窪さんは、あらゆる業界の経営者の本を読み漁った。どんな経営方針なのか、どうやって人材育成をしているのか、どうやってスタッフに語りかけているのか。たとえば、リクルートという会社を例に出せば、その会社ではどんな人材教育方法がとられているのか、どんな社風なのか、どんな人材が育っているのか、自分なりに語ることができるまでになった。

さらに、世の中の動きにも敏感だ。こう語る。

「20代のころから、将来的には少子化になるからその対応をしないといけないとか、この業界でも週休2日にしないと若者が集まらないとか、そういうことも考えていました。休日には異業種の人と食べ歩くのが趣味なのですが、たとえば弁護士の先生からは『これからは残業代の未払い問題が起こる』等という話を聞き、その対応を考えたりもしています」

「365日」が目指すスタッフの週休2日制のためには、年商1億円が必要だと杉窪さんは考えている。そのためには、1日30万円の売上が必要だ。

となると、スタッフに求められているものは何か?

杉窪さんの言葉は明確だ。

「決められたレシピで美味しいものを綺麗につくれるのは当たり前です。それが速くつくれて、生産性を向上させて付加価値をつけなければお給料はあがらない。そのやり方を下のスタッフに教えられなければ、昇格はない。そういう当たり前のことを教え込んでいます」

フォームが悪いと成長はない

人材育成に関して、杉窪さんにインタビューしていると、いくつもの至言に出合える。いずれも、なるほどその通りと頷けるものばかりだ。

それらを列挙してみよう。

「スタッフに三重苦を課すのはいけない。労働時間、給料、休日。この3つのうちで、仕事に厳しくするのは譲れないから給料と休みはなんとか条件をよくしたい。仕事への要求はあくまでも厳しいから、うちは一重苦」

「仕事には責任を与える。パン屋も菓子屋も、がんばってできないような技術は一つもない。要は、考え方の問題があるだけ。何かを見たときに何を考えてどう行動するのか。考え方から変えさせる。その子の家庭環境から性格まで踏まえた上で、ピンポイントで指摘する」

「仕事のフォームが悪いと10年やってもうまくならない。いいフォームだと、3回練習すればうまくなる。たとえばパン生地をこねるとき、前かがみにならないこと。前かがみで仕事していると、さも熱心にやっているように見えるけれど、視野が狭くなる。胸を張った状態で同じ仕事ができるようになると、視野が広くなって別の人がやっている仕事が見えてくる。何カ月かで仕事はローテーションするから、他の仕事が見えているのといないのとでは雲泥の差になる」

「うちの調理場では、最初の1カ月は試運転だけれど、2カ月目からはいまやる仕事を3日で覚えろとスイッチを変える。前の日には先輩に頭を下げて予習して、2日目で補習して3日目で完成させること。業務時間以外でもがんばらないと3日での習得は無理。手の問題ではなく、頭の問題。技術よりも、考え方を教えている」

「他店を見ていると、経営者が経営していないケースが多い。せいぜい原価計算くらいしかしていない。人材育成とか休みを与えるなどの努力をしていない。自分が育ってきたやり方をなぞっているだけ。経営者として、新しいスキルを身につける努力をしないといけない。経営者が勉強して変わらないと、若者は育たない」

このような言葉を意識して語りながら若いスタッフと向き合った結果、「365日」ではスタッフの驚くような変化が語られている。

「入社時にはドアの開け閉めができない、お客様の前であくびするような子がいまでは誰よりも早く出社して仕事の準備をするようになった。仕事のクオリティもあがって、開店2カ月後から仕事を任せられるようになった」

本章の冒頭に記したように、誰一人脱落することなく、確実に戦力に育ちつつあるのだ。

杉窪さんが言う。

「夢は弟子たちが育って全国に散らばり、各自がそれぞれの地域の良質な生産者と繫がって良質な店を出すことです。そうやって人材を地域に還元していけば、平和な国ができると思います」

すでに向ヶ丘遊園や名古屋、福岡でプロデュースする店には、前職時代の後輩たちがシェフとして最前線に立っている。料理哲学だけでなく、食材との関わりや素材に対する考え方も、杉窪さんの薫陶を受けた弟子たちだ。

もちろん「365日」からも、近い将来力をつけた弟子たちが育っていくに違いない。

そうなると、いつの日か代々木八幡の小さな商店街は、日本のパンの聖地のひとつになるのだろうか――。有言実行となるか。杉窪さんは、いろいろな期待を抱かせる、プロの経営者だ。

あとがき――未来を考えるプロジェクト

30～40代の主人公たち

本書では、「食」を通して日本列島で胎動し始めた新しい動きを訪ねる旅を重ねてきた。今回の取材の旅は、思いのほか広く、多彩に、深いところまで辿り着いた印象だ。

まず、取材で出会った主人公たちの多くは、70年代生まれの30代後半から40代前半の世代が多かったことが印象的だった。まえがきにも書いたが、大学入学と同時にPCとITネットワークを使いこなすようになった若者たちだ。あるいは「団塊ジュニア」「ロスジェネ世代」等とも呼ばれるが、要するにいま社会の主人公になりつつあるのは、社会に出たときにバブル景気が終焉していて、人口減少、経済縮小が当たり前のものとして育ってきた世代だ。

従来のサラリーマン社会に入ることを嫌い、起業したりNPOをつくったり、社会貢献に重きを置く価値観の若者たちも増えている。

そこに、1995年の阪神・淡路大震災と2011年の東日本大震災という大激震が起きた。世の中には「絆」「繋がり」「助け合い」の気運が高まり、同時にITの世界ではメール、ホームページ、ブログ、SNSといったウェブ上のネットワーク・ツールが次々と生まれてきた。彼らのコミュニケーションがグローバルに広がり、その速度と広がりと情報のボリュームが圧倒的なものになったことはむしろ当然のことだった。

食の世界の将来を展望する上でも、この社会的な背景を押さえておく必要があることが、今回の旅でよくわかった。

現在の食の世界の主人公たちは、ネットワークを駆使したコミュニケーション力に長けている。かつてのようにピラミッド型の組織をつくって、ヒエラルキーを決めながら上意下達の情報伝達をするのではなく、フラットなコミュニティをつくって、縦横無尽に情報をやりとりする。従来の組織は技術の研鑽と共有が主目的だったが、現在のコミュニティはお互いの価値観の多様性を認め合い、それを共に高めていこうとする意識にあふれている。そこには専門とする料理ジャンルの棲み分け等なく、生産者や流通業者、加工業者、そして消費者も入って互いの情報を伝え合う。

生産者と消費者をダイレクトに繋ぎ、生産者をヒーローにした「東北食べる通信」のコミュニティ。全国のシェフたちを中心にネットワークをつくり、生産者やジャーナリストを巻き込んで「いただきます・プロジェクト」を成功させた若者たち。ＹｏｕＴｕｂｅを使って自身の技術を世界に発信し続ける日本料理の料理長等、ＩＴ技術を上手に使いこなし「繋がる」ことに長けた世代の台頭は目ざましいものがある。

一方、東京一極集中、地域経済の疲弊がいわれる中で、「地域の魅力を発掘する」「地方の食文化を発信する」「世界から見れば日本も一つの地域だ」と定義して、「地方発（＝日本発）」の食文化を育てていこうとする動きにも素晴らしいものがあった。

フランスにおいて故郷を愛し、故郷の美しさを皿に表現したミシェル・ブラスに倣って、美瑛から食文化を発信しようとする動き。日本の里山の美しさを再発見し、そこで生まれる食材を愛し、料理を通して「環境保護」や「サステイナビリティ（持続可能性）」を訴えるシェフ。日本料理は国技だと定義して、それを守りつつ世界に発信しようとする料理人。世界で最も大きなフランス料理というプラットフォームを使って、日本の食材の素晴らしさ、日本酒の素晴らしさを表現しようとするフランス料理のシェフ。「観光業は地域の魅力の再発見だ」と定義して、地域の伝統的な食文化や行事に光を当てようとするリゾートホテル・グループのオーナー。

こういう料理人や食の関係者が現れたことが、今後の日本の大きな可能性の一つだと感じる。

またあれだけ甚大な被害を及ぼした東日本大震災の被災地から、生産者と料理人のタッグによる地域再生の力強い動きが生まれていることも、心強い現象の一つだ。その料理人は、「ぼくの使命は故郷の食材の魅力を料理を通して広めていくことです」と語っている。大震災という大きなマイナス要因があったからこそ、料理人の世界でもその社会的な使命を模索する動きが強まったのだと思う。

今回の取材の中で、料理人はもっと生産者の現場を見て、その実状を知り、社会との仲立ちとなるべきだという意見も聞いた。確かにその通りだと思う。料理人各々が、どんな哲学を持ち、地域の中でどんな実践をしていくか。これからはますますそれが問われる時代になる。

次代に続く若者たちの人材育成も、社会的使命の一つだ。社会のレールに乗り損ねた若者が自力で這い上がり、料理の理論を学びその本質を追究しながら、料理界の「指揮者」になるべく研鑽を積む。一時代前の経営者とは一線を画したその人材育成法は、私たち教育者にとっても今後の指針になるべきものだった。

次代の若者たちにとって、料理に携わる仕事が価値あるものでなかったら、料理界の持続的な発展はない。教育に身を置く人間の一人として、私もまたその環境づくりに責任を負わなければならないと痛感させられた旅になった。

未来を考えるプロジェクト

今回の取材には、辻調理師専門学校の教員たちも参加した。いま私たちは、次代の技術教育を考える「未来プロジェクト」を立ち上げている。その中核を担う教授陣、職員にはそれぞれのケースから感じるところがあったようだ。

・美瑛料理塾、齋藤壽さんと中道博さんの実践について

「美瑛の料理塾の取り組みからは、個人の経験主義から脱却した新しい教育観を感じた。料理人が生産現場に入っていくとき、新しい発想が生まれ新しい味覚を発見できる。地元の野菜を食べてみて買ってもらうという『美瑛選果』の取り組みも面白い。人々の意識が地域に

向かい始めた今こそ、料理人の腕の見せどころだ」若林知人（辻調理師専門学校・調理師本科学科長・フランス料理担当）

「地域に眠っている特殊で魅力的な食材を料理人の力で発信していけば、大きく花開く可能性がある。たとえば群馬の赤城牛の熟成肉や榛名の三元豚等がそうだ。そういう取り組みは、消えていこうとする食材の保護にも繋がる」矢尾板渉（辻調理技術研究所・運営部長・中国料理担当）

・生江史伸さんと「いただきます・プロジェクト」の取り組みについて

「生江さんは料理の言語化、言語理解力が優れていると思う。自分の料理と日本酒の相性についても、自分の言葉で相手が納得できるように語ることができる。こういう言葉の力は今後、料理界でもますます必要とされるはずだ」山田研（教育本部長）

「『いただきます・プロジェクト』に参加したが、料理人、生産者、食材のインポーターたちが一堂に会したことは素晴らしい。ある意味で『人材育成シンポジウム』でもあった。その会の冒頭での生江さんのスピーチも素晴らしかった。急激な変化の時代にあって自分たちはどこにいるのか。海外で行われているMADや料理学会等は、日本でもできること。SN

S時代に料理人は何をなすべきかが、明確に見えている人だと感じた」山崎正也（エコール辻 東京・副校長）

・エコファームアサノ、浅野悦男さんについて
「ここは『ｎｏｍａ』のシェフ、レネ・レゼピがビーツを買いに来るほどの農場であり、70歳という年齢にもかかわらず、情報発信型の生産者という点も刺激的だった。ＳＮＳ時代に生産者たちもフェイスブックを使いこなして、料理人との情報のやりとりを密にしている。浅野さんは料理界の最先端を知る生産者でもあり、自分は調理場のスタッフの一員であると語っていたが、そこに生産者と料理人の理想的な関係を見た」小山伸二（辻調グループ企画部・メディアプロデューサー）

・いわき市、萩春朋さんと白石長利さんの取り組みについて
「生産者と料理人の関係でいえば、日本料理ではそれぞれの地域でもともと繋がりが強くあった。地域ごとに生産者ならではの食べ方があって、たとえば大阪府貝塚市木積のタケノコは、湯がかないで水にさらして焼くだけで美味しいといわれてきた。そういう中にあって萩

さんと白石さんの関係は、商売であって商売ではない新しい関係だ。今後も各地でこういう関係を築くことが、料理人にとっても一つのテーマになる」大引伸昭（エコール 辻 大阪・運営部長・日本料理担当）

・杉窪章匡さん（「365日」）の取り組みについて

「杉窪さんも生江さんと同様、理論を言語化することにこだわったシェフだ。しかもマクロな視点を持った経営者でもある。パン屋というプラットフォームで野菜を売ったり、コミュニティで売れるものは売るというコンセプトをしっかりと立てている。事務所には膨大な料理関係の蔵書を揃え、従業員の教育にも活かしているという。人事ローテーションに合ったレシピを使い、地域の人たちの生活スタイルに合ったサイズのパンを売る。人材育成にしても、スタッフにチャンスを与え続け、常に自分を変えることを課している。『いただきます・プロジェクト』でも語られていたが、杉窪さんは、店はオーナーシェフの意識が変わらないとよくならないということを体現している。経営者を目指すこれからの若者たちにはいいロールモデルだ」前出・山崎

・山本征治さん（「龍吟」）の取り組みについて

「料理には温度、質感、香りが大切で、そのことに集中するためにカウンターを開店後しばらくして廃止したという話に、料理人としての強烈なプロ意識を感じた。山本さんは新しい機材を積極的に使うことでも有名だが、ガストロバックにしてもオイルバスにしても液体窒素にしても、食材のために日本料理の理に適った効率のいい使い方をされている。その柔軟性を若い世代にも学んでほしいと思う」前出・大引

・星野佳路さん、星野リゾートの取り組みについて

「その土地や地域の独自の価値観や文化を掘り出して、魅力として提供するという発想が素晴らしい。だから料理人には調理場の外にもやるべき仕事がある。そのことに価値を認め実践させている経営者としての星野さんの存在は大きい。人材育成についても、個人の意思を尊重した立候補制度（マネージャーになるには本人の立候補が必要）や、ピカソ職をつくる等、安定的な長期雇用を維持するさまざまな取り組みも行われている。こうした企業の取り組みは、これから働こうとする若者たちにとっても夢のあるものだ」高岡和也（辻調理師専門学校・運営副部長・フランス料理担当）

・成澤由浩さん（「NARISAWA」）の取り組みについて

「学校の入学案内に登場していただくためにインタビューもしたが、世界の料理学会に参加し発表して、料理の力で社会を動かすことができる貴重な料理人だと思う。生産物を巡る環境問題にも取り組み、『土のスープ』『水のサラダ』『山野草のサラダ』『白神山地の酵母でつくったパン』等、料理で環境問題を表現されている。スペインのバスク地方の料理大学『バスク・カリナリー・センター』で講義されたが、グローバルな舞台で日本の食を表現できるシェフだ。こうしたスケールを、これからの若い料理人にも学んでほしい」松本しのぶ（辻調グループ企画部・マネージャー）

・高橋博之さん（「東北食べる通信」）の取り組みについて

「高橋さんの県議会議員時代のサイトがまだ残っていて、真冬にはマイナス15度にもなる花巻で、議員時代の約5年間、毎朝辻立ちして政策を訴えていた姿があった。そういう活動や、生産者との車座集会の中から生まれたビジョンを『食べる通信』という形にしたことで、さまざまな才能を持った人たちが彼のもとに集まってきた。従来の生産者と消費者を結ぶ通販カタログではなく、生産地と都会をかき混ぜたコミュニティをつくろうというビジョンが多くの人の心を打ったのだ。その中にあって料理人の役割を考えると、生産現場がわかる料理人が増えれば日本の食環境は変わる。高橋さんは消費者や料理人に対して『グラウンドに降りてこい』と当時者意識を持つことを強く訴えている。社会の中の料理人という視点を与えてもらった」前出・小山

職業としての料理人

職業教育としての調理技術教育が始まったのは、日本では50年あまり、フランスでも100年ほど前のことにすぎない。

しかし、フランスでは、自分が苦労の末に獲得した技術を後進が少しでも早く習得できるようにと、先人たちが著した技術書、理論書が多数残されている。そもそも技術を公開するのは、古くからのフランスの伝統だった。

また、見習いや修業中の料理人を常に店に受け入れ、後進の成長を助けるシステムが社会的に機能し、業界全体が技術を共有しながら向上させてきた。それがフランス料理の技術水準の高さを支えてきたことは明らかである。1960年代末からフランスに渡った多くの日

本人も、その業界の一員として料理や菓子を学んできたといえるだろう。そしてもちろん日本でも、本書でご紹介したみなさんがそうであるように、多くの方々が次世代に技術や食文化を伝え、人を育てることに懸命に取り組んでいる。

では、そうした飲食業界のために、学校における技術教育はどんな役割を果たすことができるのだろうか。

理論化して教えることによって、実体験だけを通して学ぶよりも効率よく、また背景にある食文化も含めて、基礎技術や実践に必要な知識を習得できるようにすること。料理や菓子そのものも飲食業の業態も多様化している今日、その現状や全体像を頭に入れた上で学生たちが現場に出て行き、進む道の見取り図を描けるようにすること。

社会に出れば人間関係が重要なことはいうまでもないが、とりわけ飲食業はサービス業であり、チームワークも欠かせない。学生には、人に喜びを提供する仕事ならではの、厳しさを伴う楽しさを早いうちから感じさせることも大切だろう。

さらに、職業であるからには、技術が「お客様」のために、すなわち「経営」として社会の中できちんと機能しなくてはならない。「お客様の満足」という視点を抜きにしては、ひとりよがりの技術になってしまう。お客様の周りには地域が存在し、さらには社会や、広く世界とも無関係ではいられない。そんな時代に生きていることも理解させておくべきだろう。

技術教育を考え続ける

私たち辻調理師専門学校は、これまで55年にわたって調理・製菓の技術教育に携わってきた。グループ全体の卒業生の総数は13万人を越えている。これまでの技術教育を通して、日本の飲食業界の礎となる人材が育ち、その食文化に大いに貢献してくれたという自負はある。しかし、社会とともに料理は変わり続ける。技術教育のあり方も常に検討し、更新しなければならないと考えている。

たとえば、伝統あるフランス料理には、非の打ち所のない完成されたレシピがある。磨き抜かれた料理を目の当たりにし、味わい、圧倒的な美味しさを体感することはとても大切だ。味覚も含めての原体験となるからである。本物を教える意味もそこにあると思う。すぐに再現できなくても、なぜそうするかを考えながら繰り返しなぞることによって、熟練とともに深い理解に到達することができる。それこそ伝統的な料理の強みだろう。

ただ、今日のように変化が加速し、他からの影響にさらされながら多様化した現場で技術を発揮しなければならない時代には、自分の仕事を客観的に分析し、変えていく力も求められる。固定化されたフレームをいったんはずして、分析的に物事を捉え、柔軟に応用できなければならない。

そこでまず学生たちの料理の分析力、理解力を高めることを目指すなら、レシピの中に埋め込まれた核となる技術を取り出し、明確に分類し、関連づけながら教えることが欠かせないはずだ。そのために教員には、クラシックな料理から先端的料理まで幅のある料理の中から、次代に向けて教えるべきものはどれか、現代料理の基礎となる技術は何かを考え続けることが求められる。

そうした地道な作業を続ける一方で、食の現場の変化を体感したいと思って始めた今回の取材を通じて、出会った方々に共感、共鳴し、結果として客観的なフィールドワークの報告以上のものとして、この本を上梓できることに喜びを感じている。現在の日本の飲食業界の最前線に、いかなる課題や夢があり、その解決や達成に向けてどんな取り組みがなされているのか、その一端を知り、共有することができたのは大きな成果だった。それが今後、私たちの教育機関としての進化を支えるものと信じている。

貴重な時間を割いて快く取材に応じてくださり、それぞれの立場から率直なお考えを聞かせてくださったみなさんに、心より感謝申し上げます。

最後になりましたが、本書を仕上げるため、取材・構成では神山典士さんに、編集では光文社の樋口健さんに大変お世話になりました。ありがとうございました。

２０１５年４月

辻　芳樹

なお、店名、団体名、肩書、年齢等はいずれも取材当時のままとしました。

辻芳樹（つじよしき）

辻調グループ代表。1964年大阪府生まれ。1993年、辻調理師専門学校校長、辻調グループ代表に就任。2000年、九州・沖縄サミットで首脳晩餐会料理を監修。2004年、内閣官房知的財産戦略本部コンテンツ専門調査委員に就任。著書に、『和食の知られざる世界』（新潮新書）、『辻調 感動和食の味わい種明かし帖』（監修、小学館）、『美食のテクノロジー』（文藝春秋）などがある。

すごい！　日本《にほん》の食《しょく》の底力《そこぢから》　新《あたら》しい料理《りょうり》人像《にんぞう》を訪《たず》ねて

2015年4月20日初版1刷発行
2021年3月15日　　4刷発行

著　者 ── 辻　芳樹

発行者 ── 田邉浩司

装　幀 ── アラン・チャン

印刷所 ── 堀内印刷

製本所 ── 榎本製本

発行所 ── 株式会社光文社
東京都文京区音羽1-16-6（〒112-8011）
https://www.kobunsha.com/

電　話 ── 編集部03（5395）8289　書籍販売部03（5395）8116
業務部03（5395）8125

メール ── sinsyo@kobunsha.com

© Yoshiki Tsuji 2015　Printed in Japan　ISBN 978-4-334-03853-3